하모니카

박은호 편저

DM 다모아뮤직

차례

오늘날과 같은 하모니카는 19세기 독일에서 한 소녀가 만들어서 연주하였다고 합니다.
일반대중에게 보급되기 시작한 것은 마티아스 호너(독일)가 보급하기 시작한 것이
오늘날 누구나 사랑을 많이 받는 악기로 발전하였습니다.
우리나라는 1940년도에 일본으로 부터 처음 소개 되었으며 최영진님의
"하모니카 할아버지" 라는 이름하에 어린이들에게도 많은 사랑을 받았고,
그후 협회 및 동호회, 선교단체 등에 의해 더욱 발전하여 남녀노소
누구나 좋아하는 국민의 악기가 되었습니다.

복음 하모니카

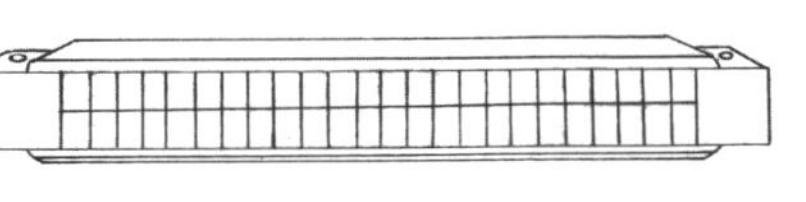

일반적으로 가장 많이 사용되는 하모니카로 겹음하모니카라 불리기도 합니다. 한음에 리드가 2개씩 붙어있어, 음량이 풍부하여 부드럽습니다. 복음하모니카는 각 조별로 장음계와 단음계로 되어 있는데 학교나 학원,유치원등에서는 교육용으로 C장조 24홀 악기가 가장 많이 쓰입니다.

옥타브 하모니카

복음 하모니카와 모양은 똑 같으나 아랫구멍과 윗구멍의 음정이 한 옥타브(8도)차이가 있어 동시에 불면 한 옥타브 차이의 2개의 소리가 나는 하모니카입니다.
장엄한 느낌을 주며 음폭이 넓어 독주보다는 중주에 많이 사용됩니다

단음 하모니카

단음 하모니카는 한음에 리드가 1개씩 붙어있어 보통 10구멍으로 많이 되어있으며 한 구멍에서 불면(도) 들어 마시면(레)로 소리가 나는 구조로 되어있다.

크로메틱 하모니카

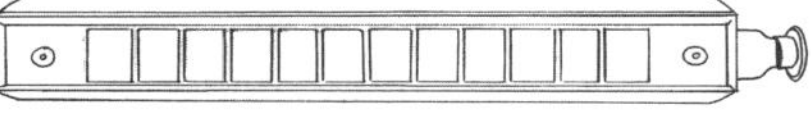

한 개의 하모니카로 반음까지 되는 악기로 리드가 1개로 되어있어 복음하모니카보다는 단음하모니카의 음색을 띠고 있다. 복음하모니카는 반음 소리를 내려면 2개의 하모니카를 사용해야 하나 크로메틱 하모니카는 1개로 오른쪽 레버를 누르면서 불면 반음을 낼수 있는 장점이 있다.

코드하모니카

하모니카를 불면 기타칠때 동시에 코드구성 음이 나오듯이 코드 하모니카도 코드 구성음이 동시에 들려지는 화성적인 하모니카로 중주나 합주에서 많이 사용됩니다.

파이프 하모니카

내부구조는 같으나 커버가 둥그런 파이프처럼 되어 있어, 커버를 울리기 때문에 아름다운 소리로 부드러운 효과를 주는 하모니카이다.

TiP
그 외에도 베이스하모니카, 헬로하모니카, 호른하모니카, 등이 있어 하모니카로만 교향곡까지도 연주가 가능할 정도로 다양한 하모니카들이 있습니다.

하모니카의 선택 ○○○○○

하모니카는 악기의 특성상 여러종류의 제품들이 나와 있는데 각각 그 특성에 맞는 기능들을 가지고 있습니다.
이 악기들의 특성을 일일이 파악한 후 자신의 취향에 맞는 하모니카를 선택하여야 하는데 초보자들에게는 불가능 하므로 학원, 학교, 유치원에서는 **24홀의 C조 복음하모니카**를 권해 드립니다.

> **TiP**
>
> 하모니카는 입으로 부는 악기이므로 청결하게 보관하는 것이 중요 합니다. 음식물을 먹은후에는 가급적 불지 않게 하고 부득한 경우 입가심을 한후에 부는것이 좋습니다. 연주가 끝났을때는 항상 마른헝겊을 왼손에 잡고 오른손으로 악기취구를 아래로 향하게 하여 가볍게 톡톡 치면서 내부의 침을 제저 한후 보관하면 고장 없이 오래 사용할 수 있습니다.

하모니카 잡는 방법 ○○○○○

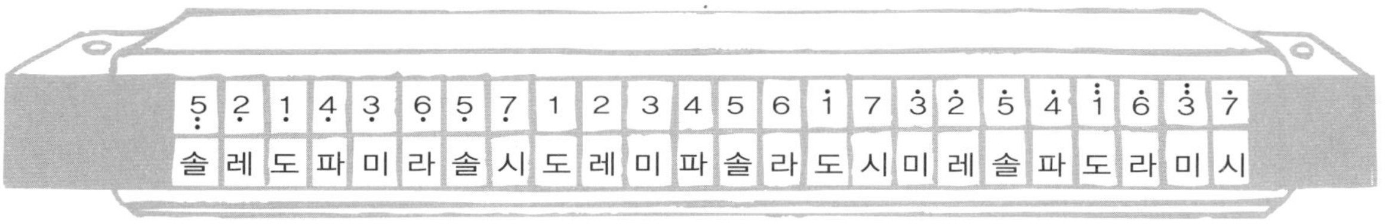

5	2	1	4	3	6	5	7	1	2	3	4	5	6	1	7	3	2	5	4	1	6	3	7
솔	레	도	파	미	라	솔	시	도	레	미	파	솔	라	도	시	미	레	솔	파	도	라	미	시

※ 하모니카의 음 배열은 세계 공통으로 통일되어 있습니다.

우선 왼쪽으로 낮은음이 오른쪽의 높은음이 오게 잡는것이 기본입니다.
다음으로 엄지손가락을 양쪽 구멍의 바깥쪽에 붙이고 검지(2번째) 손가락을 가볍게 위 덮게위에
올려 놓습니다.
이때 가운데 손가락은 뒷부분을 받쳐주고 4째,5째 손가락은 자연스럽게 밑부분을 받쳐주면 됩니다.

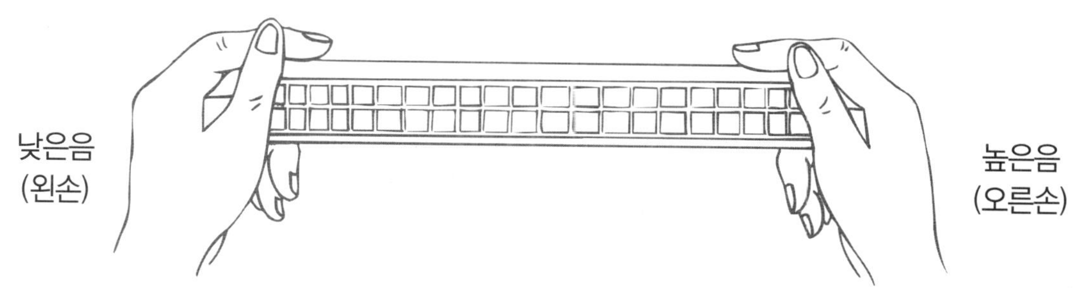

하모니카의 올바른 연주자세

연주시 하모니카와 얼굴은 직각(90°)를 유지하는
것이 좋으며 위로나 아래로 치우치면 풍부한 음색을
내는데 방해가 됩니다.

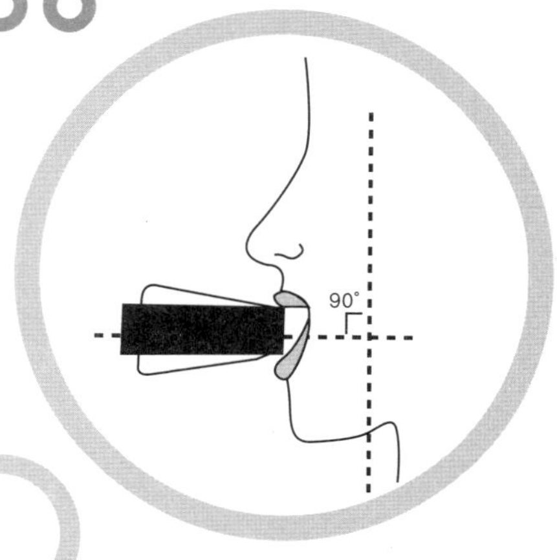

TiP

연주할 때 특히 어깨와 팔에 힘을 주지 말고 팔과 겨드랑이 사이에 주먹하나
정도 들어가게 하여 자연스런 자세가 좋습니다.

하모니카는 숫자악보를 사용합니다. 음의 높낮이를 숫자로 표시하기 때문에 익숙해지면
오선 악보보다 연주할때 악보 보기가 쉽다는 장점이 있습니다.

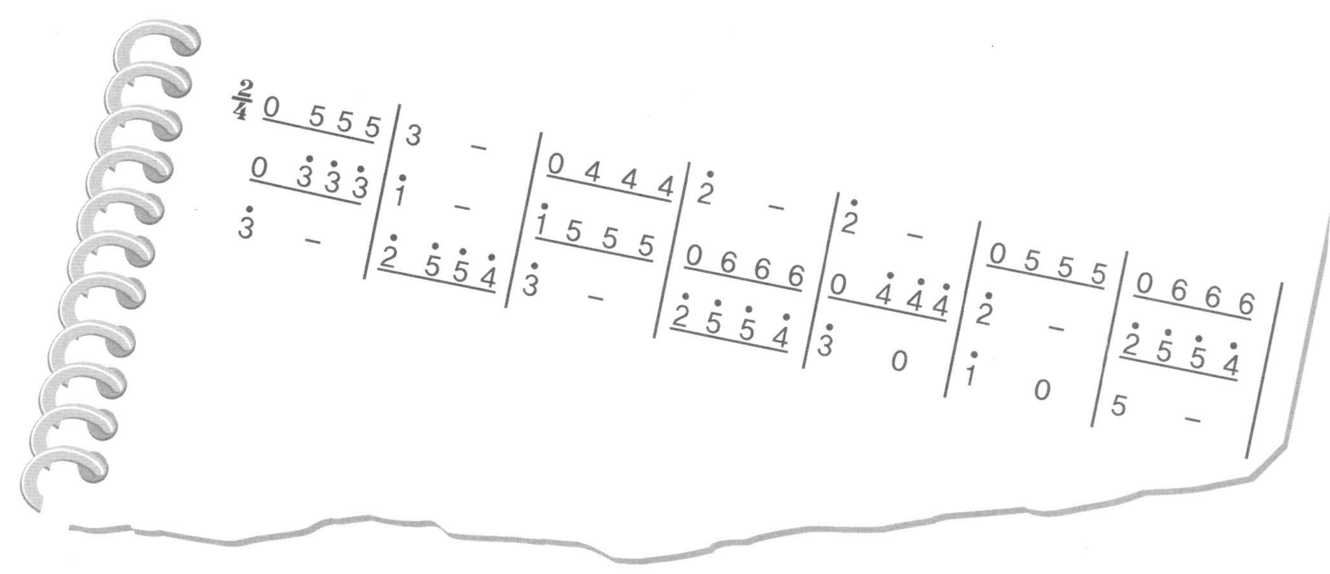

도	레	미	파	솔	라	시	도
1	2	3	4	5	6	7	1̇

한 옥타브위 (8도위음)음은 숫자위에 점(·)을 찍어 표시합니다.
한옥타브 아래(8도아래음) 음은 숫자아래에 (·)을 찍어 표시합니다

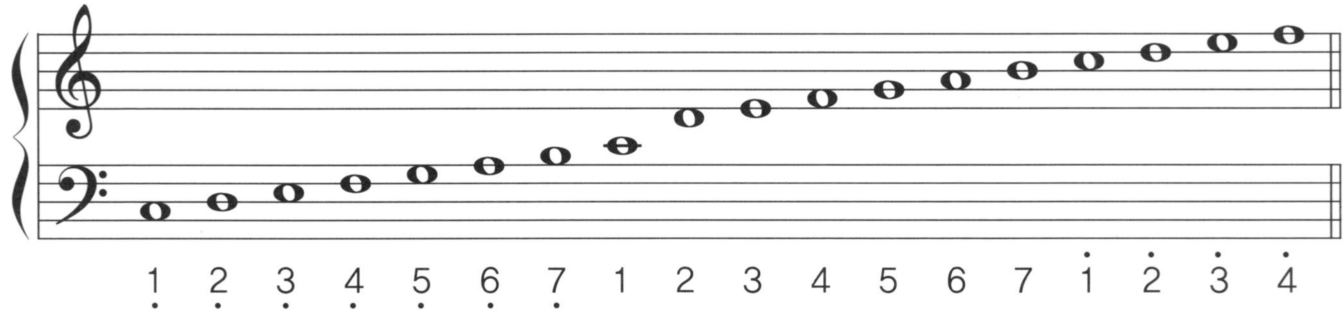

이 름	음 표	하모니카 악보
온 음 표	o	1 — — —
2 분 음 표	♩	1 —
4 분 음 표	♩	1
8 분 음 표	♪	<u>1</u>
1 6 분 음 표	♬	1
점 온 음 표	o.	1 — — — — — 또는 1 — — — .
점 2 분 음 표	♩.	1 — — 또는 1 — .
점 4 분 음 표	♩.	1 .
점 8 분 음 표	♪.	<u>1</u> .
점16분음표	♬.	1 .

쉼표 악보 보는법 ○○○○○

이　름	쉼　표	하모니카 악보
온　쉼　표	▬	O ─ ─ ─
2 분 쉼 표	▬	O ─
4 분 쉼 표	𝄽	O
8 분 쉼 표	𝄾	O̲
1 6 분 쉼 표	𝄿	O̲
점 온 쉼 표	▬ ·	O ─ ─ ─ ─ ─　또는 O ─ ─ ─ ·
점 2 분 쉼 표	▬ ·	O ─ ─　또는 O ─ ·
점 4 분 쉼 표	𝄽 ·	O ·
점 8 분 쉼 표	𝄾 ·	O̲ ·
점16분 쉼 표	𝄿 ·	O̲ ·

임시표는(♭ ♯ ♮) 일반악보와 같이 숫자 앞에 표기합니다.

♭1　♯2　♮3

악상기호는 오선악보와 동일하게 사용 됩니다.

교육(특강)용으로 많이 쓰이는 **복음하모니카 24홀 기준**으로 연습해 보겠습니다.

하모니카를 처음 부는 초보자는 싱글주법(한음만 소리내는 주법)으로 먼저 연습을 합니다.

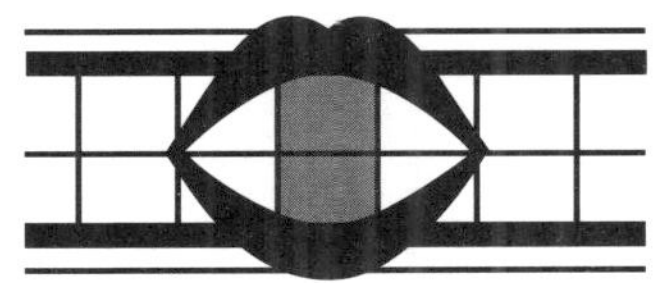

TiP 하모니카를 불때에는 너무 세게 불거나 세게 들어마시는 일이 없도록 호흡조절을
적절하게 사용해야 합니다. 특히 호흡은 복식호흡으로 하는 것이 좋습니다.

하모니카는 계이름에 따라 불기와 들어마시기로 연주합니다.

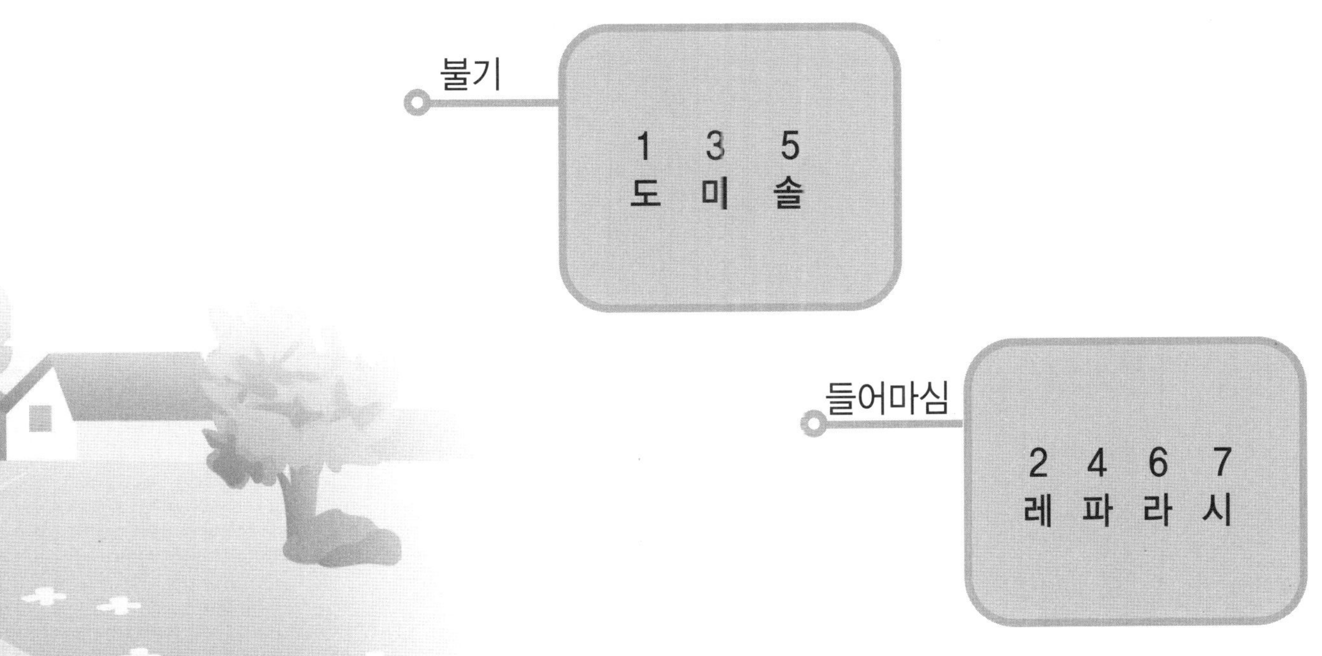

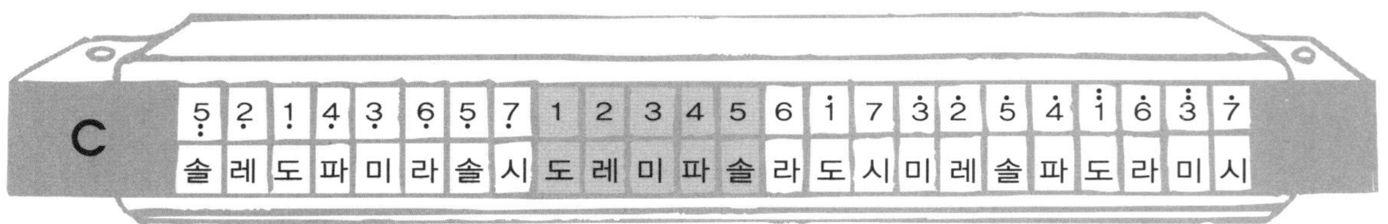

하모니카가 24홀 일때 왼쪽에서 **9번째** 구멍이 "**가운데 도**"입니다 하모니카를 불때 기본 입술모양
은 휘파람을 불때처럼 "오" "또는" "우"처럼 입술을 오무려서 싱글주법으로 한음만 나게 하는것이
중요합니다.

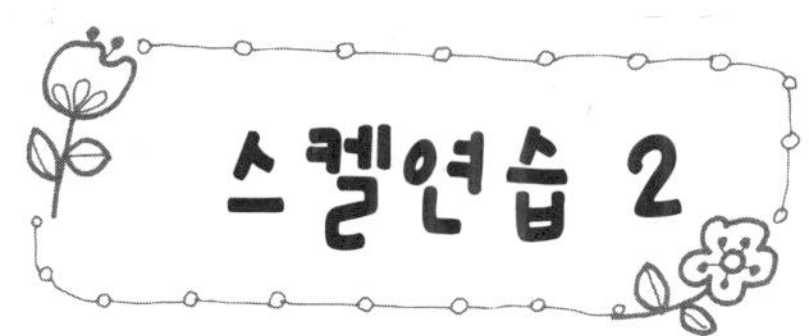

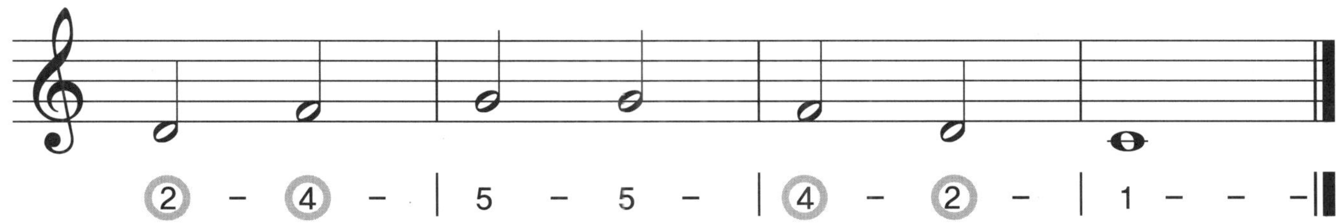

스켈연습 3

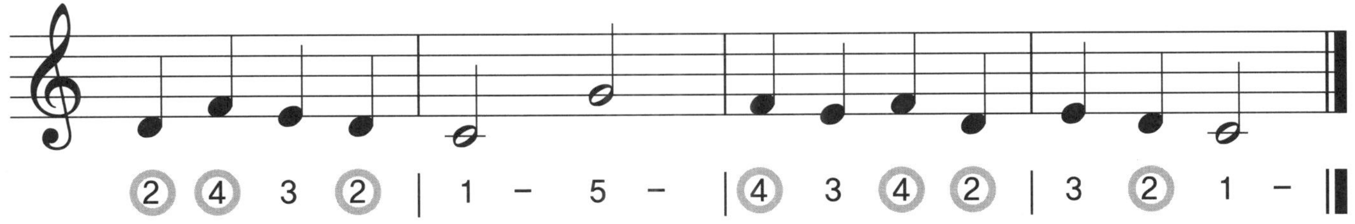

사이좋게 놀자

이요섭 작사/작곡
C
G
우 리 같 이 놀 자 우 리 꼬 마 친 구
1 3 1 3 | 5 - 5 - | 1 3 1 3 | 2 - 2 - |
C
G
C
사 이 좋 게 놀 자 의 좋 게 놀 자
1 3 1 3 | 5 - 5 - | 2 4 3 2 | 1 - - - |

비행기

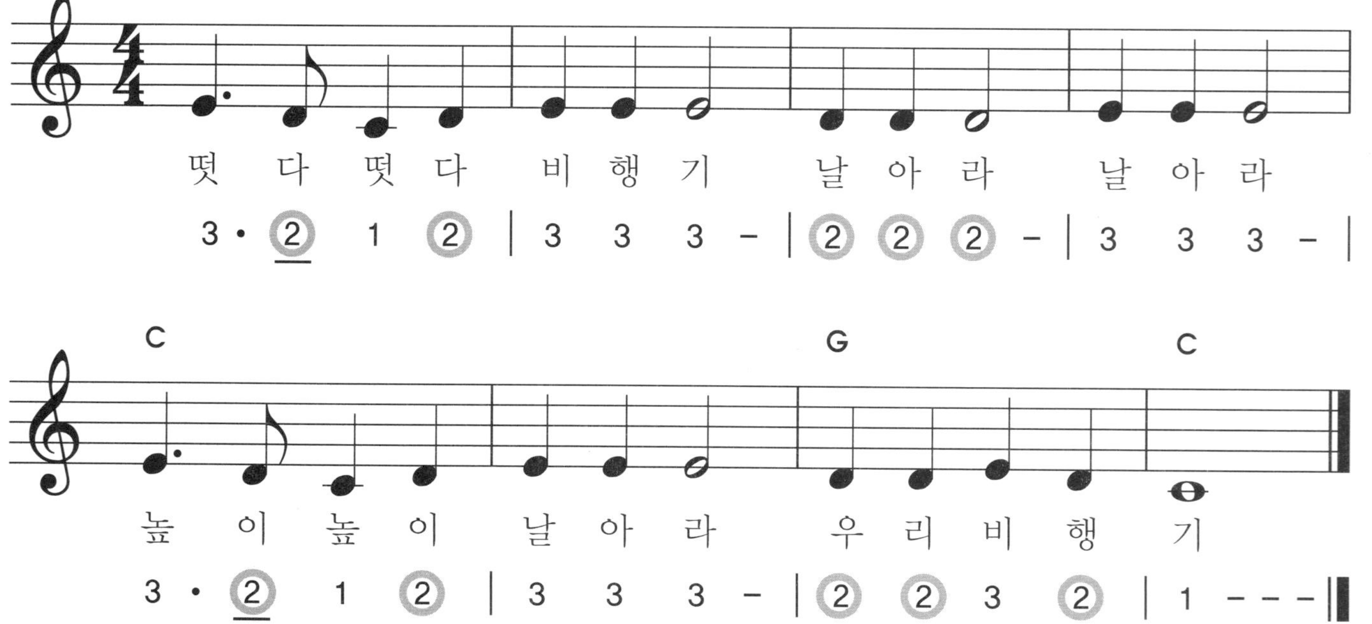

외국곡
C
G
C
떳 다 떳 다 비 행 기 날 아 라 날 아 라
3 · 2 1 2 | 3 3 3 - | 2 2 2 - | 3 3 3 - |
C
G
C
높 이 높 이 날 아 라 우 리 비 행 기
3 · 2 1 2 | 3 3 3 - | 2 2 3 2 | 1 - - - |

아기새의 눈물

TiP 셋째단 포 수 | 가 와 , 넷째단 이 놈 들 | 꼼 짝 마 | 에서
　　　　　2-2 | 2 - - ,　　　　4 4 4 | 4 3 2 |
계속 들어마시는 음이 나오므로 이 부분은 호흡을 잘 사용해 연주해야 합니다.

손뼉치고

이요섭 작사 / 작곡

TiP

4박자로 연주하다 하모니카를 잘 불게되면
2박자 계열로 빠르게 연주하면 좋습니다.

나비야

독일민요

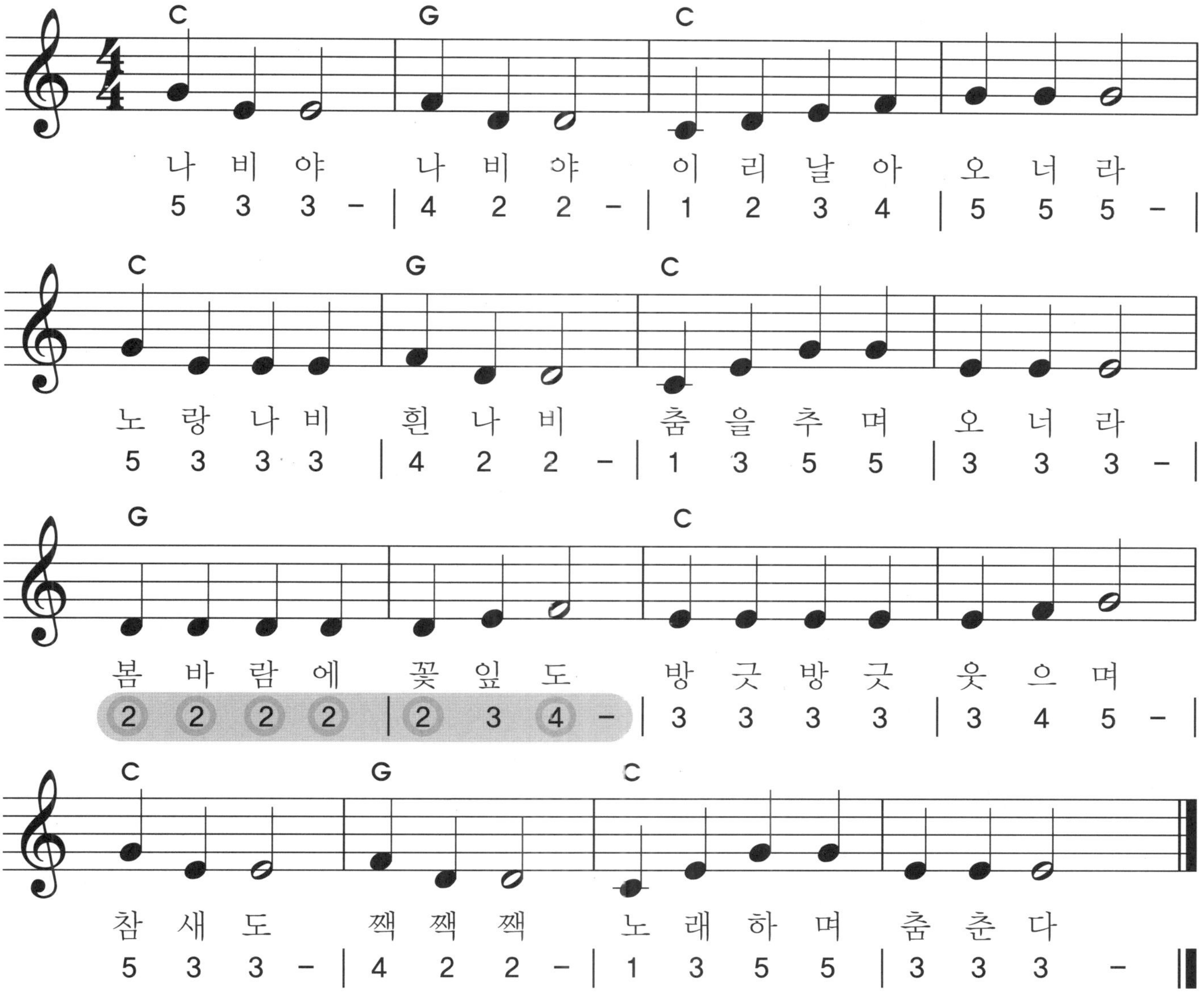

나 비 야 나 비 야 이 리 날 아 오 너 라
5 3 3 - | 4 2 2 - | 1 2 3 4 | 5 5 5 - |

노 랑 나 비 흰 나 비 춤 을 추 며 오 너 라
5 3 3 3 | 4 2 2 - | 1 3 5 5 | 3 3 3 - |

봄 바 람 에 꽃 잎 도 방 긋 방 긋 웃 으 며
2 2 2 2 | 2 3 4 - | 3 3 3 3 | 3 4 5 - |

참 새 도 짹 짹 짹 노 래 하 며 춤 춘 다
5 3 3 - | 4 2 2 - | 1 3 5 5 | 3 3 3 - |

환희의 송가

베토벤 작곡

C G C G
기 뻐 하 며 경 배 하 세 영 광 의 주 하 나 님
3 3 4 5 | 5 4 3 2 | 1 1 2 3 | 3· 2 2 - |

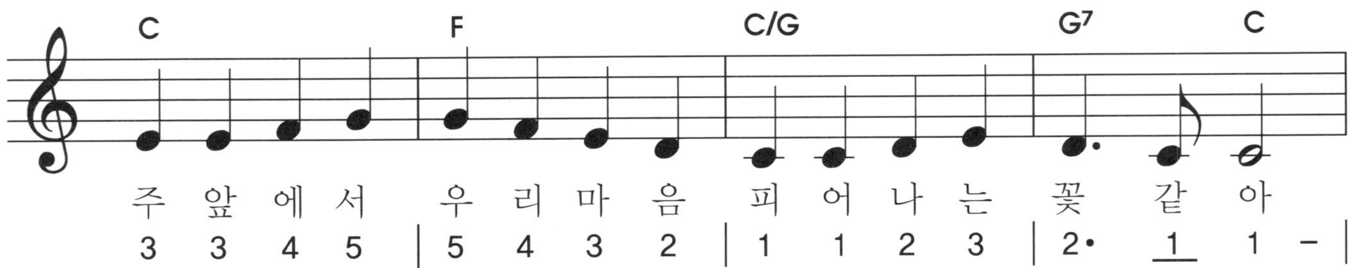

C F C/G G7 C
주 앞 에 서 우 리 마 음 피 어 나 는 꽃 같 아
3 3 4 5 | 5 4 3 2 | 1 1 2 3 | 2· 1 1 - |

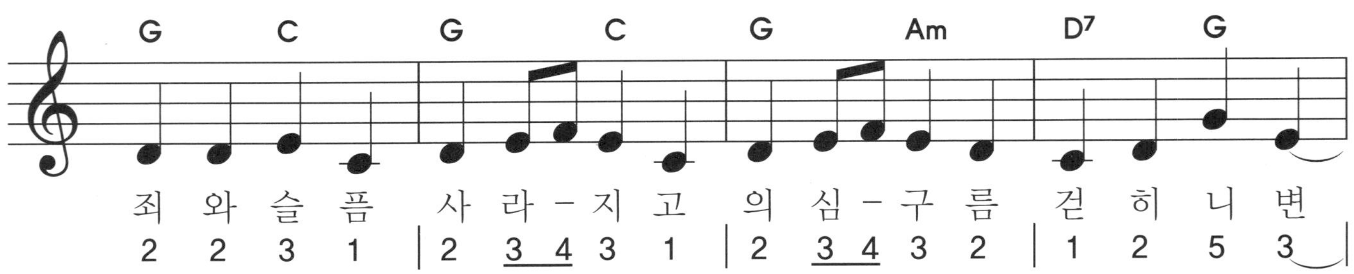

G C G C G Am D7 G
죄 와 슬 픔 사 라 - 지 고 의 심 - 구 름 걷 히 니 변
2 2 3 1 | 2 3 4 3 1 | 2 3 4 3 2 | 1 2 5 3

C F C/G G7 C
- 함 없 는 기 쁨 의 주 밝 은 빛 을 주 시 네
3 3 4 5 | 5 4 3 2 | 1 1 2 3 | 2· 1 1 - |

왈츠

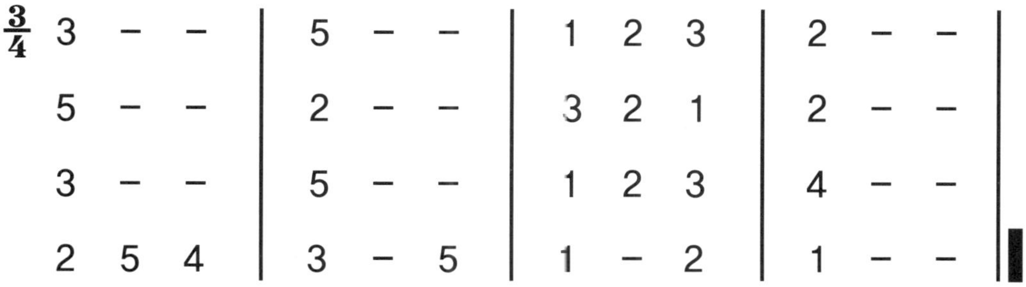

뻐꾸기

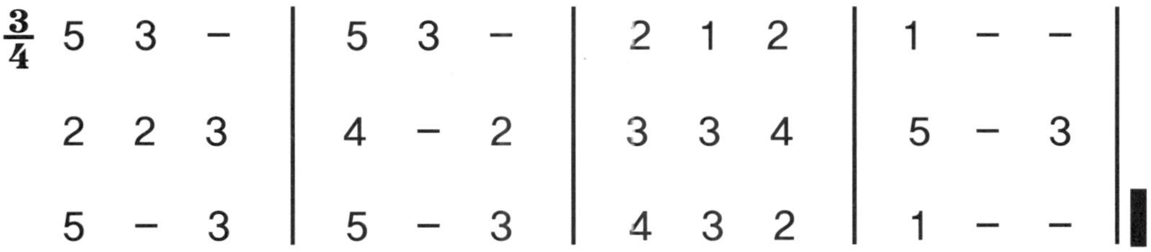

좋으신 하나님

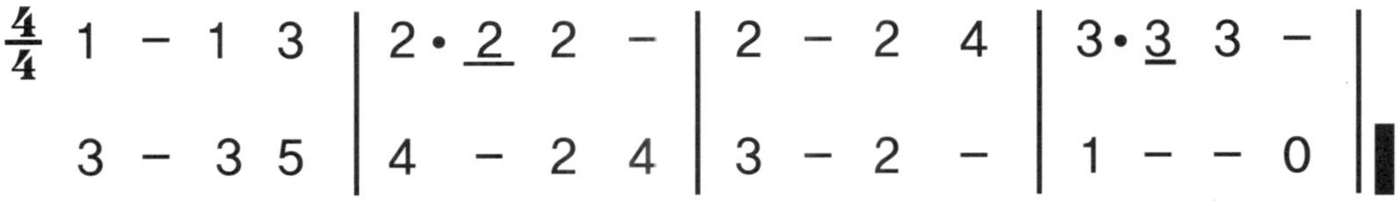

가운데 라~높은도 연습하기

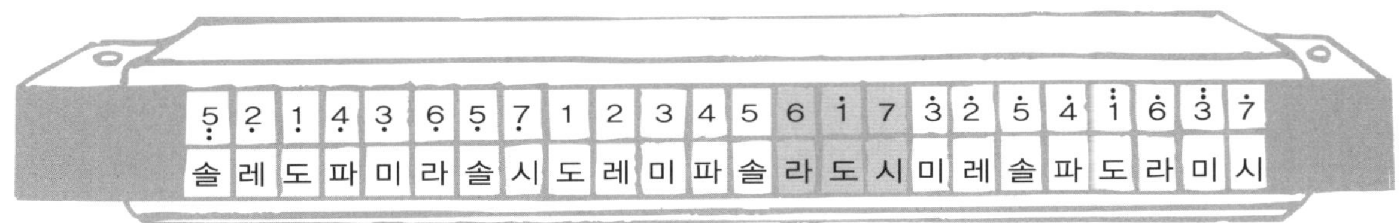

라(6), 시(7), 높은도(1̇)를 익힐때에는 라,시,도 만 연습하기 보다 중음 "도" 부터 높은 "도" 까지 같이 연습하는 것이 더욱 좋은 연습효과를 볼수 있다.

스켈연습 4

○ 는 들어마시는 음

똑같아요

윤석중 작사 / 외국곡
C
F
C
무 엇 이 무 엇 이 똑 같 은 가
1 3 5 | 1 3 5 | 6 6 6 | 5 - 0 |
F
C
G
C
젓 가 락 두 짝 이 똑 같 아 요
4 4 4 | 3 3 3 | 2 2 2 | 1 - 0 |

학교종

김메리 작사 / 작곡
C F C C D7 G
학 교 종 이 땡 땡 땡 어 서 모 이 자
5 5 6 6 | 5 5 3 - | 5 5 3 3 | 2 - - 0 |
C F C Am Dm G7 C
선 생 님 이 우 리 를 기 다 리 신 다
5 5 6 6 | 5 5 3 - | 5 3 2 3 | 1 - - 0 |

주먹쥐고

프랑스 민요

TiP

둘째단의 "두 – – 손 을" 에서 "두 – –"는 붙임줄이 있어
3 3 4 5 5   3 3 4
3·4 로 연주하시면 됩니다.

리자로 끝나는 말은

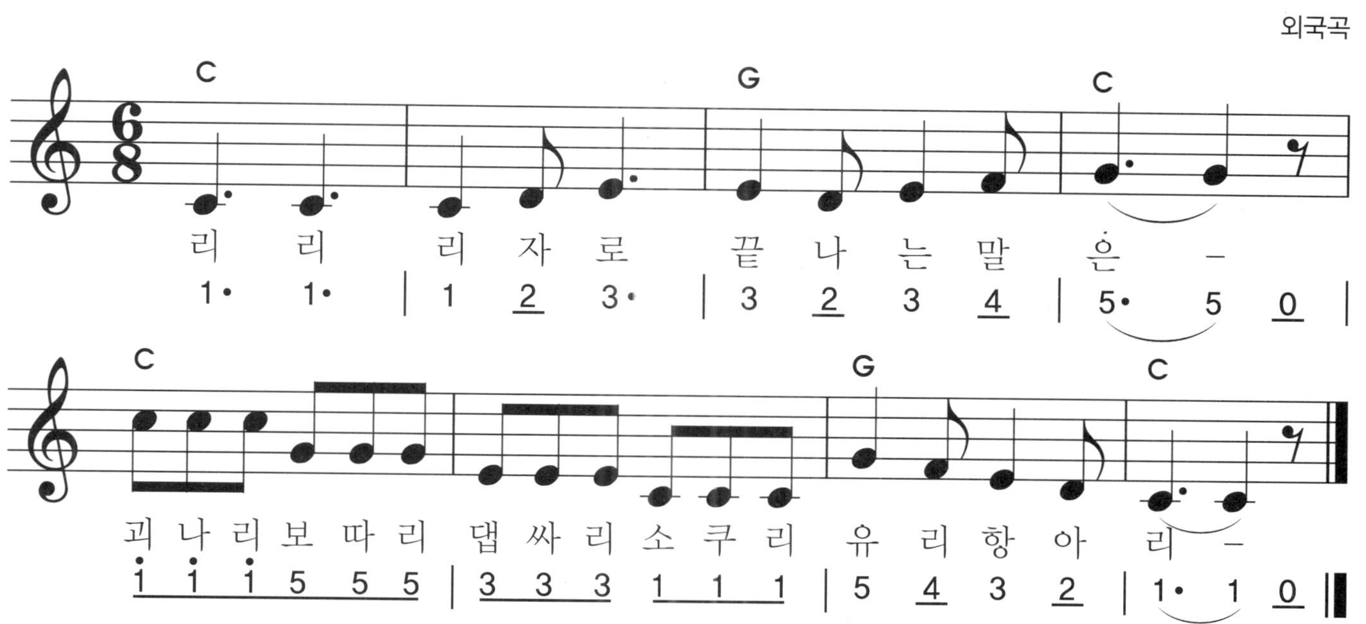

흰구름

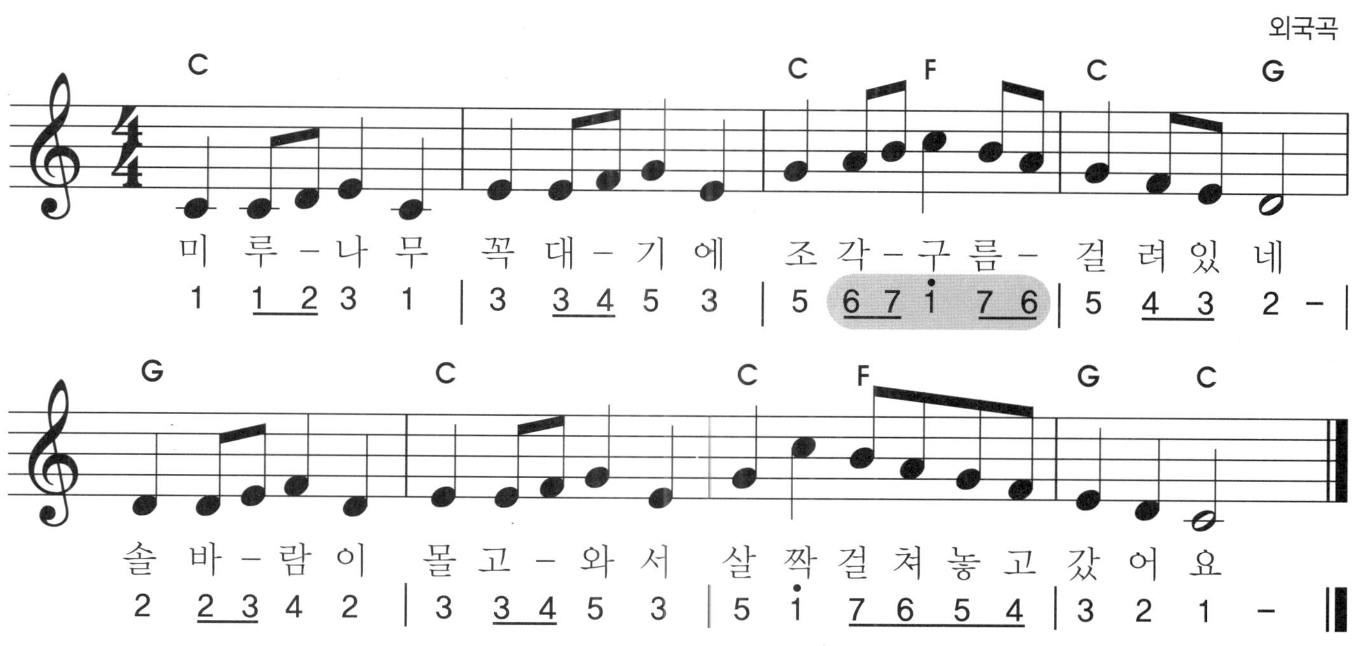

바둑이 방울

김규환 작사 / 작곡

C Am Dm G
달 랑 달 랑   달   랑   달 랑 달 랑   달   랑
1 3 3 3 | 3   3 | 2 4 4 4 | 4   4 |
C Am Dm G C Fine
바 둑 이   방   울   잘 도 울 린   다
3 5 5 | 5   3 | 2 4 3 2 | 1   - |
Fine
C Em F G
학 교   길   에   마 중 나 와 서
i i | 5   5 | 6 i 7 6 | 5   -
C Em F G D.C.
반 갑   다 고   꼬 리 치 며 따 라 온 다
i i | 5   5 | 6 i 7 6 | 5 4 3 2
D.C.

파란 가을 하늘

어효선 작사 / 김봉선 작곡

TiP

둘째단 단 풍 | 잎 을 | 밟 – 으 | 는 계속
4 2 – | 4 2 – | 6 5 4 |

들어마시는 음이 나오므로 호흡조절 잘 해주어야 합니다.

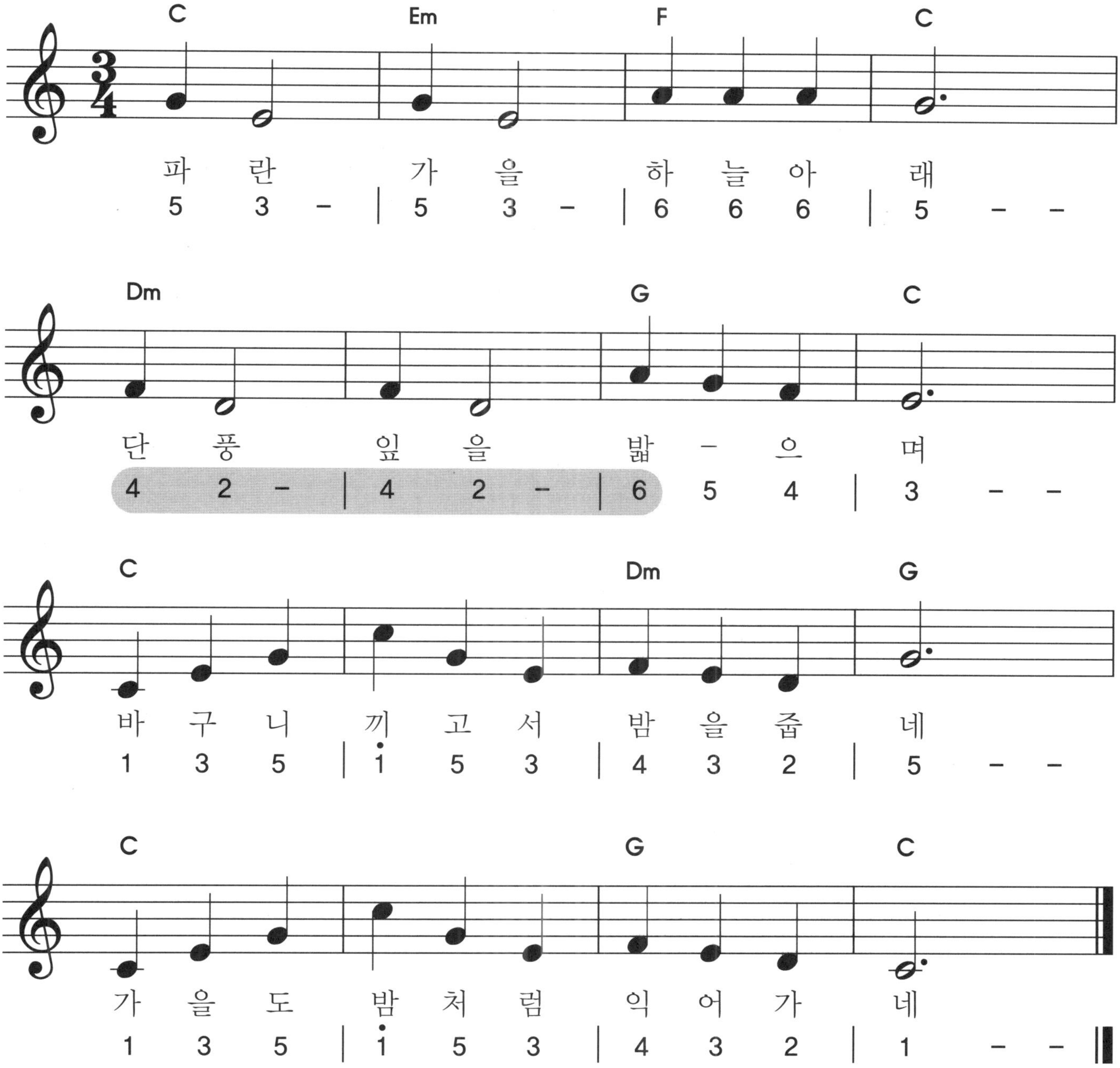

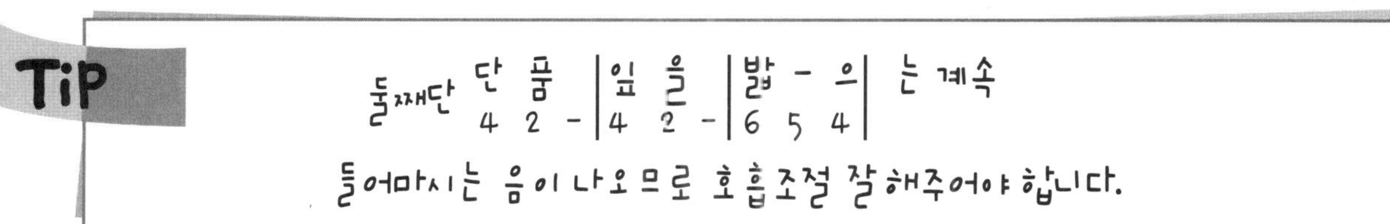

가을 소풍

정세문 작사 / 정혜옥 작곡

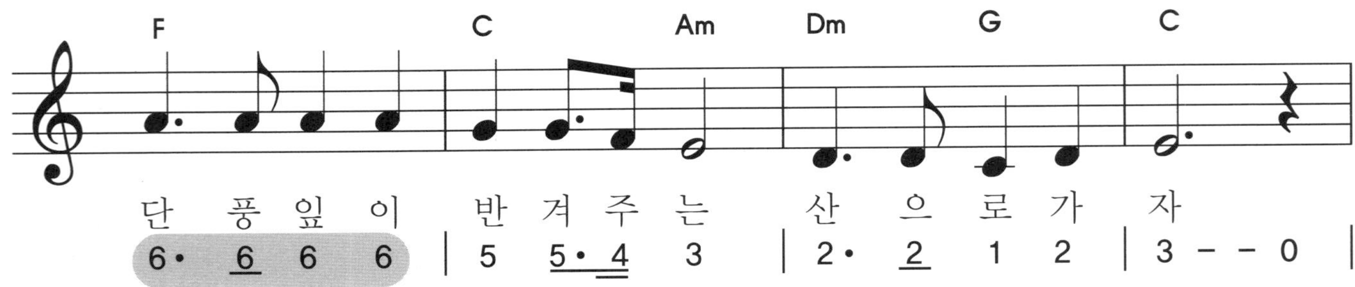

두꺼비

전래동요
두 껍 아 두 껍 아 헌 집 줄 게 새 집 다 오
두 껍 아 두 껍 아 물 길 어 오 너 라 너 희 집 지 어 줄 게
두 껍 아 두 껍 아 너 희 집 에 불 났 다
쇠 스 랑 가 지 고 뚤 레 뚤 레 오 너 라

꼬까신

최계란 작사 / 손대업 작곡

C C F G C
개 나 리 노 오 란 꽃 그 늘 아 래
5 5 3 | 5 5 6 | 5 4 3 2 | 3 - |
G Dm G C
가 지 런 히 놓 여 있 는 꼬 까 신 하 나
2 2 2 2 | 2 3 4 6 | 5 4 3 2 | 1 - |
C F C Em
아 기 는 사 알 짝 신 벗 어 놓 - 고
i i 5 | 6 i 6 | 5 5 3 | 5 6 5 |
F C Dm G C
맨 발 로 한 들 한 들 나 들 이 갔 나
6 6 5 | 6 i 5 3 | 4 3 2 5 | 3 - |
Dm G G7 C
가 지 런 히 놓 여 있 는 꼬 까 신 하 나
2 2 2 2 | 2 3 4 6 | 5 4 3 2 | 1 - |

예수 사랑하심은

31

기러기

윤석중 작사 / 포스터 작곡

숫자악보로 연습해 보세요.

4/4 3 3 21 2 | 3 5 5 - | 6 - 5 - | 3 1 2 - |
     3 2 1 3 | 5 6 5 - | 6 - 5 - | 2 3 1 - ‖

2/4 3 5 5 | 5 4 3 | 2 2 2 3 | 4 3 2 |
     0 2 2 3 | 4 3 2 | 3 - | 0 - |
     3 5 5 | 5 4 3 | 2 2 2 3 | 4 3 2 |
     0 2 2 3 | 4 3 2 | 1 - | 0 - |
     6 7 1 1 | 1 7 6 1 | 5 4 3 4 | 5 - |
     2 2 2 3 | 4 3 2 | 3 - | 0 - |
     6 7 1 1 | 1 7 6 1 | 5 4 3 4 | 5 - |
     2 2 2 3 | 4 3 2 | 1 - | 0 - ‖

6/8 5 6 5 6 | 5 3 2 1· | 1 6 5 3 | 5·5 0 |
     6 6 5 6 | 5 3 2 1· | 2 3 2 3 | 1·1 0 |
     2·2 1 2 | 3 3 3 1· | 6 5 6 7 1 | 5·5 0 |
     1 6 5 3 | 1 3 5 6· | 5 3 4 3 2 | 1·1 0 ‖

안녕

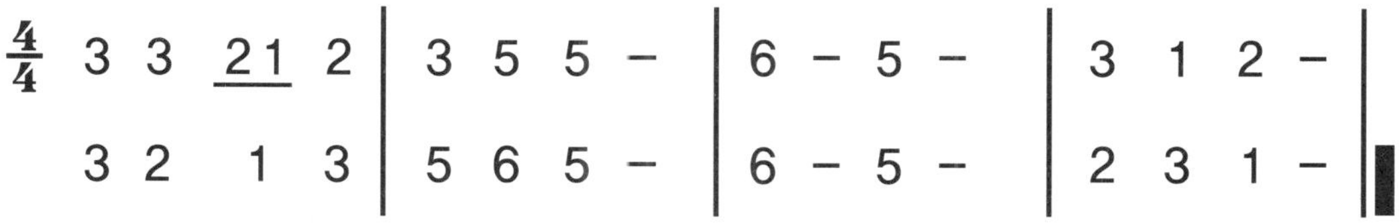

또 만나요

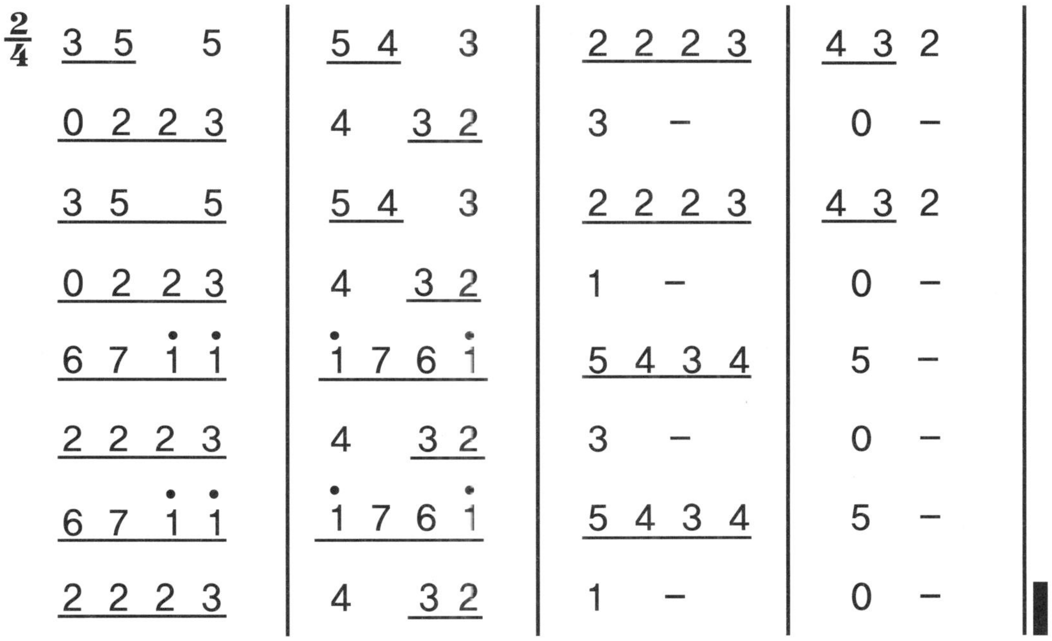

꽃밭에서

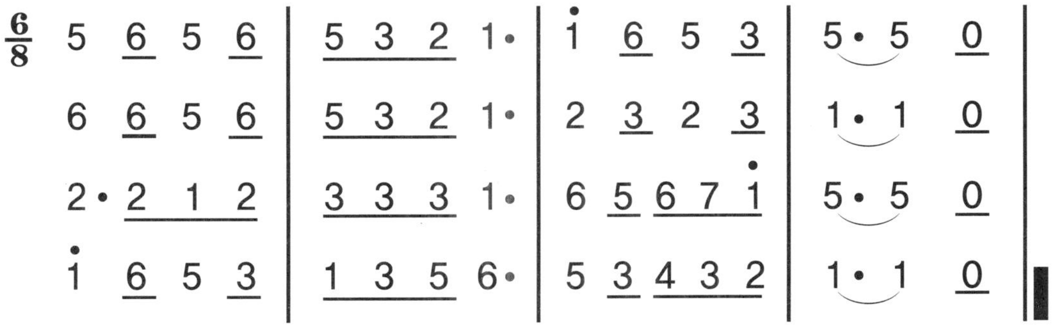

낮은 미~낮은 시 연습하기

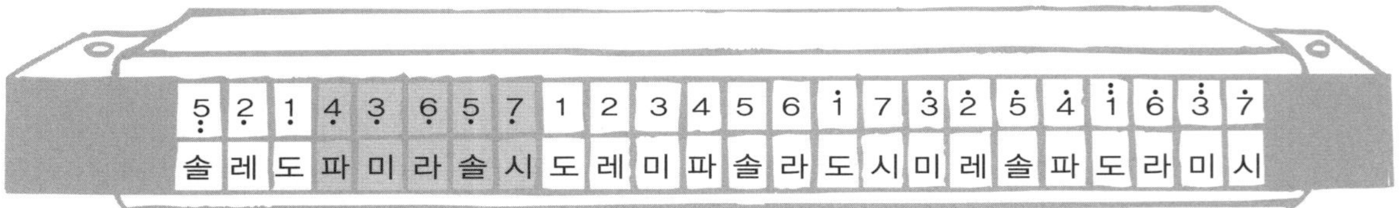

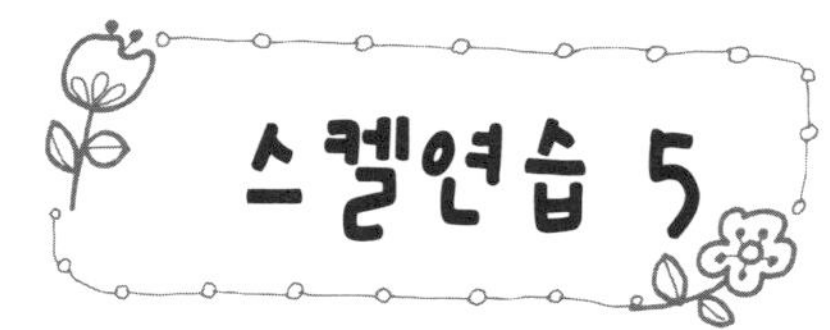

스켈연습 5

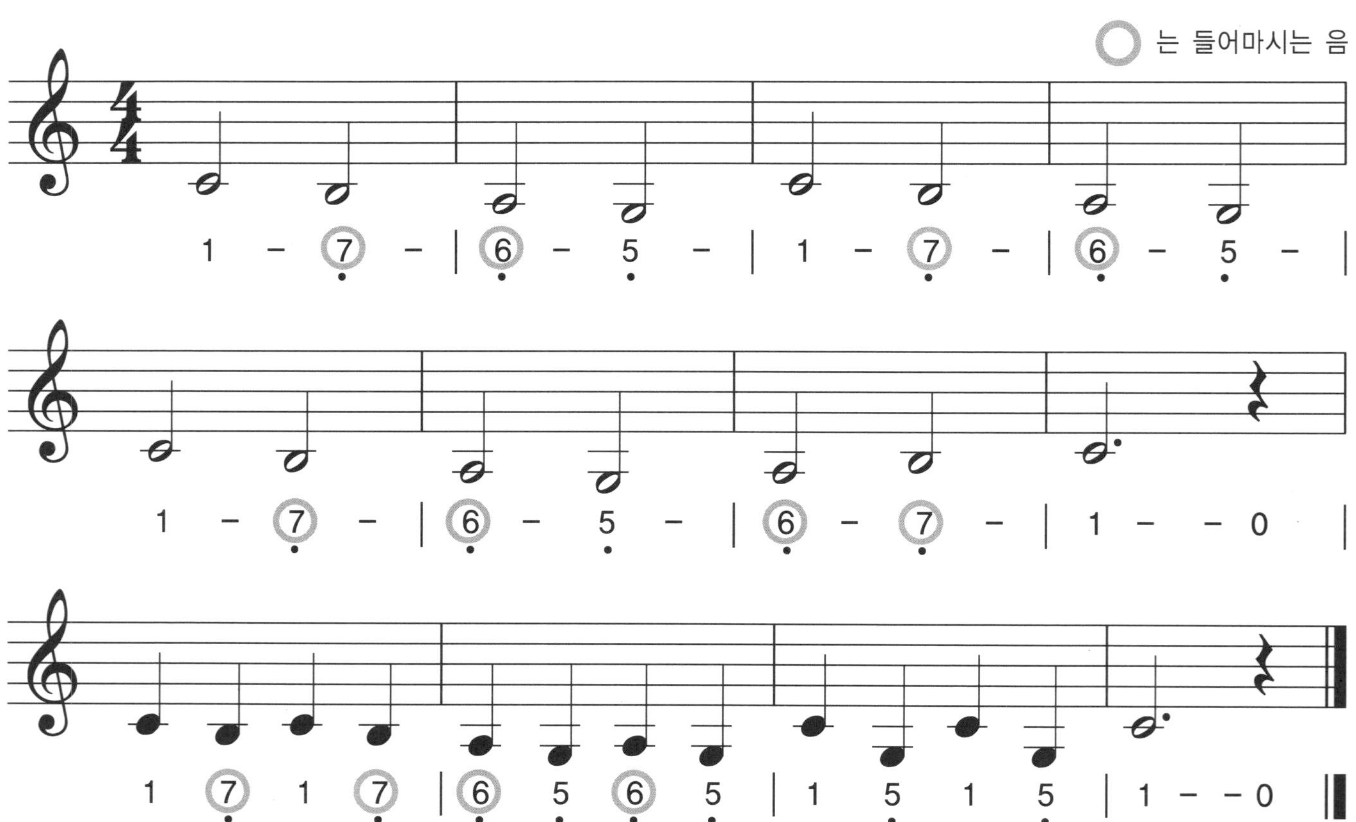

는 들어마시는 음

그 옛날에

베일리 작곡

C   Em   Am   Dm   G   C
옛 날에 즐 거이 지 내던 일   나 언제나   그 리워 라
1 1 2 3 3 4 | 5 6 5 3 - | 5 4 3 2 - | 4 3 2 1 - |

C   Em   Am   Dm   G   C
동 산에 올 라가 함 께놀던   그 옛 날의 친구 들
1 1 2 3 3 4 | 5 6 5 3 - | 5 4 3 2 3 2 | 1 - - 0 |

C   G   C   G   C
먼 산에 진 달래 곱 게피고   뻐 꾸기 한 나절 울 어대는
5 4 3 2 5 5 | 4 3 2 1 - | 5 4 3 2 5 5 | 4 3 2 1 - |

C   Em   Am   Dm   G   C
그 리운 옛 날의 그 애기를   다 시 들려 주세 요
1 1 2 3 3 4 | 5 6 5 3 - | 5 4 3 2 3 2 | 1 - - 0 |

클레멘타인

몬트로스 작곡

넓고 넓은 바닷 가 에 오 막 살 이 집 한 채 고 기
잡 은 아 버 지 와 철 모 르 는 딸 있 네 내 사
랑 아 내 사 랑 아 나 의 사 랑 클 레 멘 타 인 늙 은
아 비 혼 자 두 고 영 영 어 디 갔 느 냐

하늘나라동화

이강산 작사 / 작곡

모든 만민들아

모 든 만 민 들 아 주 를 찬 양 하 여 라 -
위 대 하 신 우 리 주 님 께 - -
소 리 높 여 찬 양 해 - 우 리 주 예 수 -
찬 양 - 하 라 -
찬 미 주 할 렐 루 야 찬 미 주 할 렐 루 야

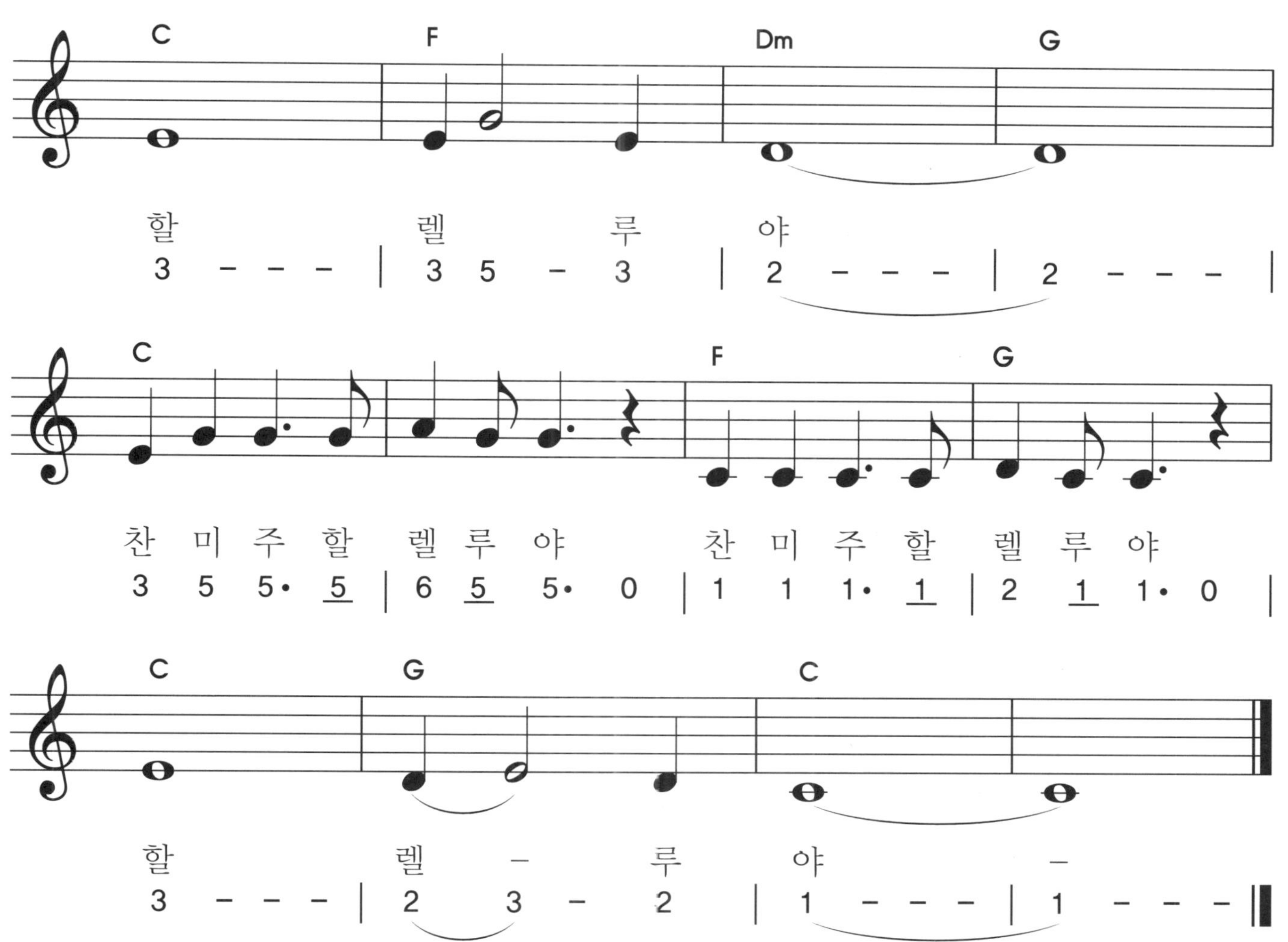

TiP

각 단마다 붙임줄이 있는 음들은 두 음을 한 음처럼 붙여서
박자 길이만큼 연주합니다.

반달

윤극영 작사 / 작곡

푸 른 하 늘 은 － 하 수 하 얀 쪽 배 엔
계 수 나 무 한 － 나 무 토 끼 한 마 리
돛 대 도 아 니 달 고 삿 대 도 없 이 (567)
가 기 도 잘 도 간 다 서 － 쪽 나 라 로

소풍

3/4 i̇ 5 5 | 5·<u>4</u> 3 | 4 3 2 | 3 − 0 |

i̇ 5 5 | 5·<u>4</u> 3 | 4 3 2 | 1 − 0 |

7̣ 2 7̣ | 1 5 5 | 7̣ 2 7̣ | 1 5 5 |

i̇ 5 5 | 5·<u>4</u> 3 | 4 3 2 | 1 − 0 ‖

그대로 멈춰라

4/4 5 3 1 − | <u>2 3 4 2</u> 7̣ 0 | 1 <u>1 1</u> 3 3 | 5 0 − − |

5 3 1 − | <u>2 3 4 2</u> 7̣ 0 | 6̣ <u>6̣ 6̣</u> 7̣ 7̣ | 1 0 − − *Fine* ‖

6̣ 6̣ <u>6̣ 6̣ 6̣</u> | 5 <u>5 5</u> 5 5 | 4 <u>4 4</u> 4 4 | <u>3 3 4</u> 5 0 *D.C.* ‖

높은 레~높은 솔 연습하기

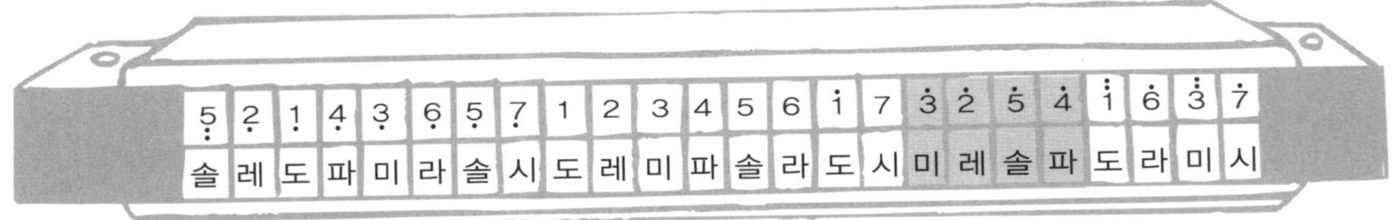

스켈연습 6

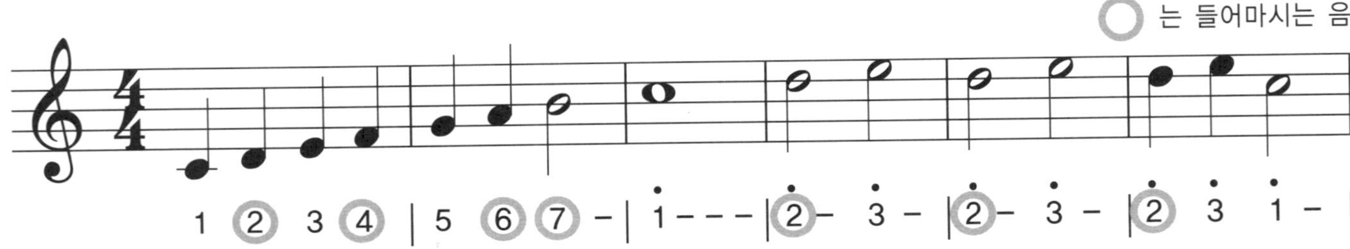

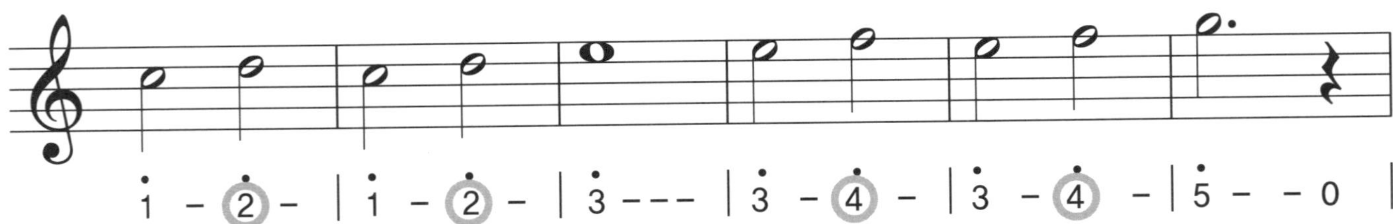

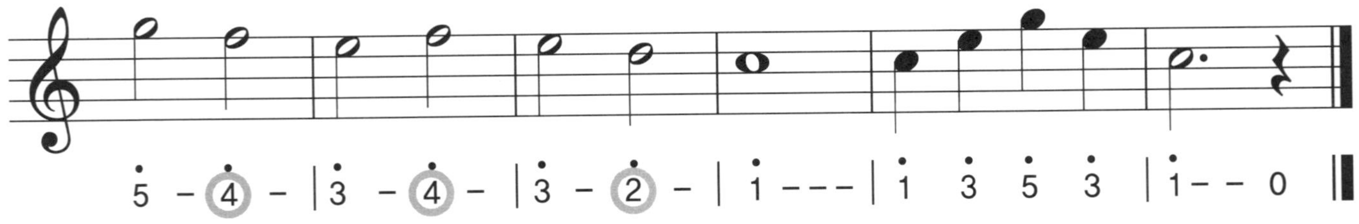

가을길

김규환 작사 / 작곡

노 랗게 노 랗게 물 들었네
3 3 3 3 3 4 5 | 6 5 4 3 0 |
빨 갛게 빨 갛게 물 들었네 -
5 5 5 5 5 6 7 | 1 7 6 5 4 |
파 랗게 파 랗게 높 은 하늘
3 3 3 3 3 4 5 | 6 5 4 3 0 |
가 을 길 은 고 운 길
6 1 7 2 | 1 1 1 0 |
트랄 랄랄 라 트랄 랄랄 라
6 1 1 1 0 | 6 1 1 1 0 |
트랄 랄 랄랄 라 노 래 부 르 자
6 1 1 1 | 1 1 1 1 | 1 7 6 5 4 |
산 넘 어 물 건 너 가 는 길 은
3 3 3 3 3 4 5 | 6 5 4 3 0 |
가 을 길 은 비 단 길
6 1 7 2 | 1 1 1 0 |

섬집아기

한인현 작사 / 이흥렬 작곡

눈

이태선 작사 / 박재훈 작곡

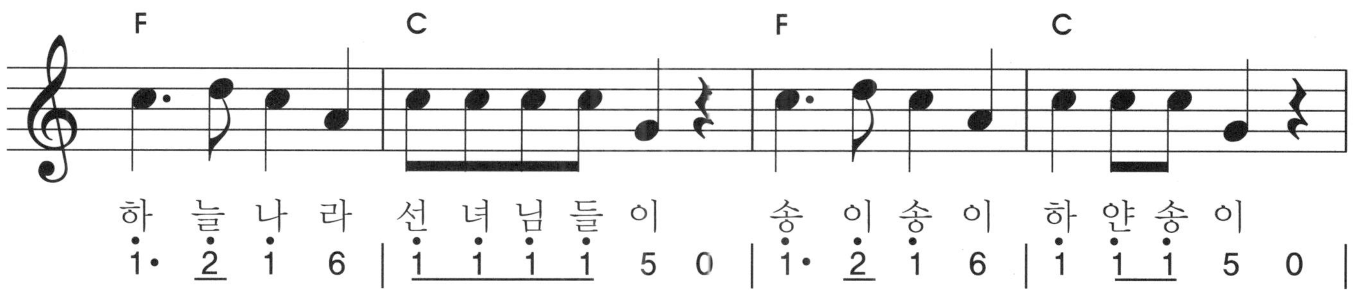

설

윤극영 작사 / 작곡

고향의 봄

옹달샘

트레몰로(Tremolo)주법

하모니카를 위로 약 20° 정도 기울인 다음 하모니카의 아래 구멍을 아래 입술로
막은 다음 "홀놀놀놀놀"이라고 발음하면 잔 물결소리가 난다.(악보에는 ⓣ라고 표기)

바이브레이션(Vibration)주법

트레몰로 주법과 같이 하모니카를 위로 20° 정도 기울인 다음 하모니카의 아래 구멍을
아래 입술로 막고 하모니카를 불면서 오른손으로 상하(아래위)로 또는 앞뒤로 움직이면
서 연주한다. (악보에는 V자로 표기)

핸드커버(Hand Cover)주법

하모니카 연주시 많이 사용하는 주법으로 두손으로 하모니카를 감싸서 열었다 닫았다
하면서 음색을 변화 주는 것이다.
이 주법을 위해 하모니카를 30° 정도 기울여서 연주하고 여리게(P) 연주부분은 닫고
세게(f)연주할 때는 열면 된다.

아르페지오(Arpeggio)주법

아르페지오 주법은 음과 음 사이가 떨어져 있을때 꾸밈음 모양으로 연주되는 것이다.
불고 마시는 것은 찾아갈 음(마지막 음)에 의해서 결정된다.

1 ⟶   1   3   5   i   (부는 음)

2 ⟶   2   4   6   7   2   (들어 마시는 음)

트릴(Trill)주법

트릴주법은 하모니카를 불거나 들어마시면서 좌, 우로 빨리 흔들어 주면 된다.
1(도) 다음 부는 음이 3(미)이므로 1(도)와 3(미)를 반복해서 소리낸다.

tr
1 ⟶ 1313131313131313

하모니카는 악기특성상 임시표가 있거나 조(Key)가 바뀌면 계속 연주 할수없기 때문에
반음 높은 **샵(#) 하모니카**를 같이 사용하여 연주 하여야 합니다.
즉 C조하모니카는 피아노의 하얀건반(온음)에 해당되며 C#하모니커는 피아노의
검은건반(반음)에 해당하는 악기입니다.
C#하모니카는 C하모니카와 배열은 똑 같으나 같은자리에서 반음 높게 소리가 나도록
조율이 되어 있습니다. 그래서 하모니카 악보에서는 ♭(플렛)을 표기하지 않고
이명동음(딴이름한소리) #(샵)을 표기하여 연주하게 됩니다.

♭2(레♭) ≫ #1(도#)	
♭3(미♭) ≫ #2(레#)	
♭5(솔♭) ≫ #4(파#)	
♭6(라♭) ≫ #5(솔#)	
♭7(시♭) ≫ #6(라#)	

C조 하모니카를 밑에두고 C#반음 높은 하모니카를 위에 올려 놓는데 엄지와 검지로
고정시키며 C#하모니카를 불때는 가운데 손가락으로 입쪽으로 밀어 연주하면 됩니다.

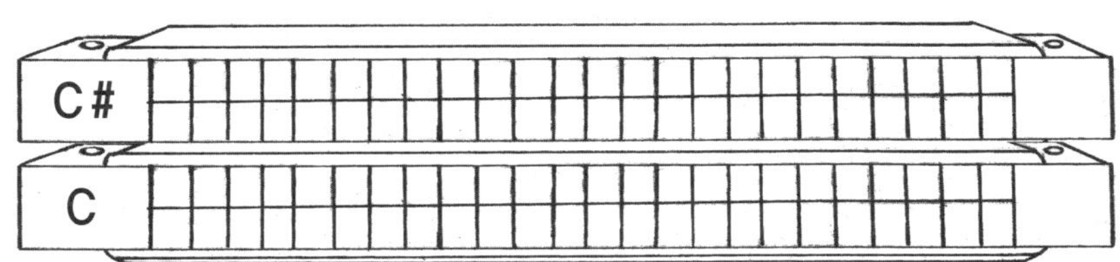

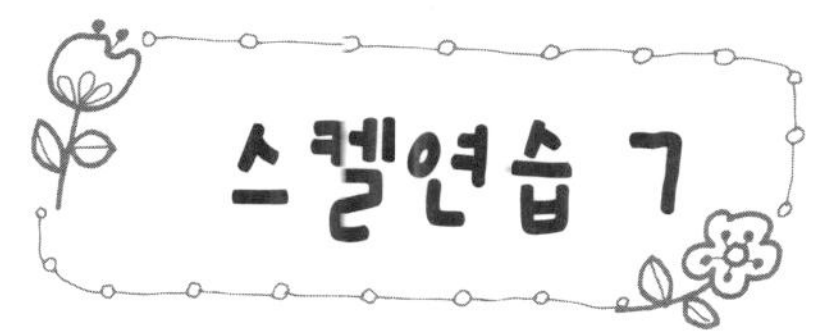

스켈연습 7

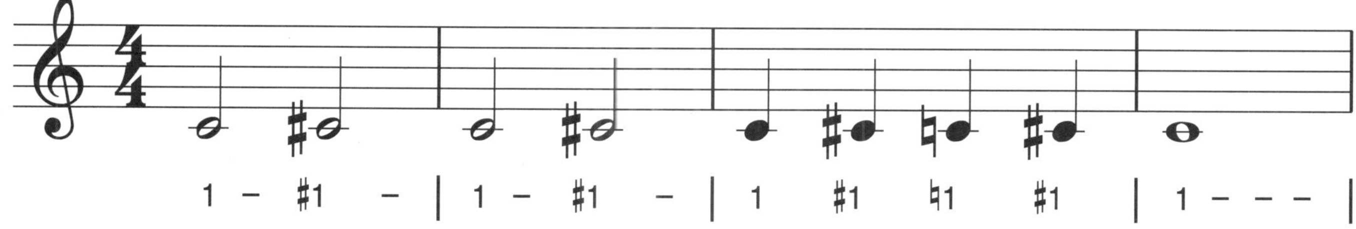

1 - #1 - | 1 - #1 - | 1 #1 ♮1 #1 | 1 - - - |

2 - #2 - | 2 #2 ♮2 #2 | 3 - 4 - | 3 - - 0 |

4 - #4 - | 4 #4 ♮4 #4 | 5 - 6 - | 5 - - 0 |

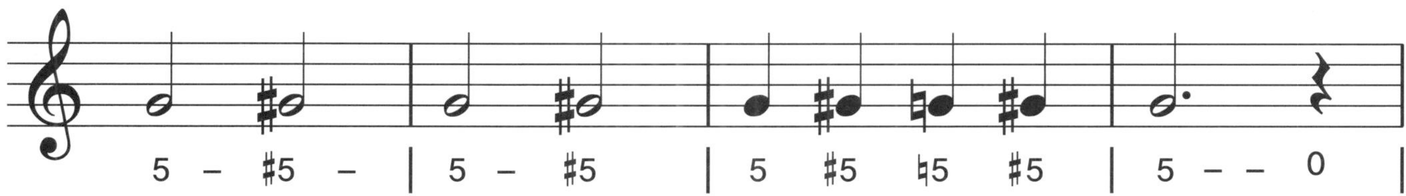

5 - #5 - | 5 - #5 | 5 #5 ♮5 #5 | 5 - - 0 |

6 - #6 - | 6 #6 ♮6 #6 | 1 - 5 - | 3 - 1 0 |

어린이 왈츠

원치호 작사 / 권길상 작곡

TiP

5·#4 에서 #4(파#)은 반박자이므로 C# 하모니카로 빨리 불고 다음음 5(솔)을 연주할 수 있도록 미리 연습하면 좋습니다.

방울꽃

임교순 작사 / 이수인 작곡

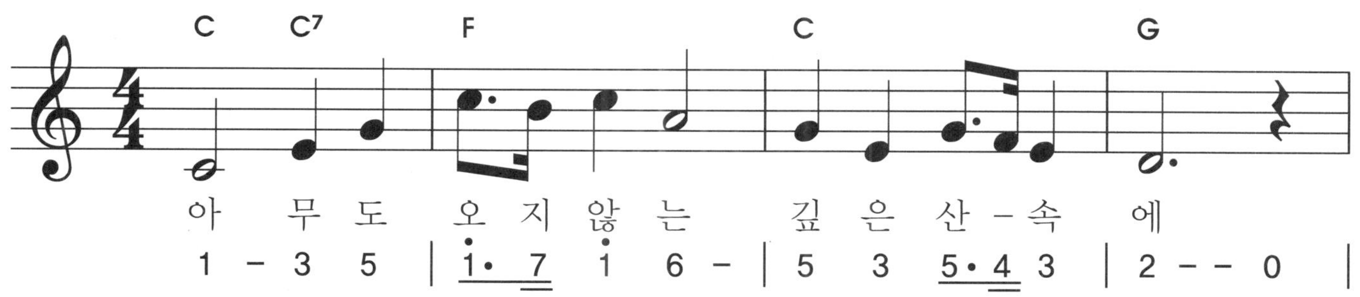

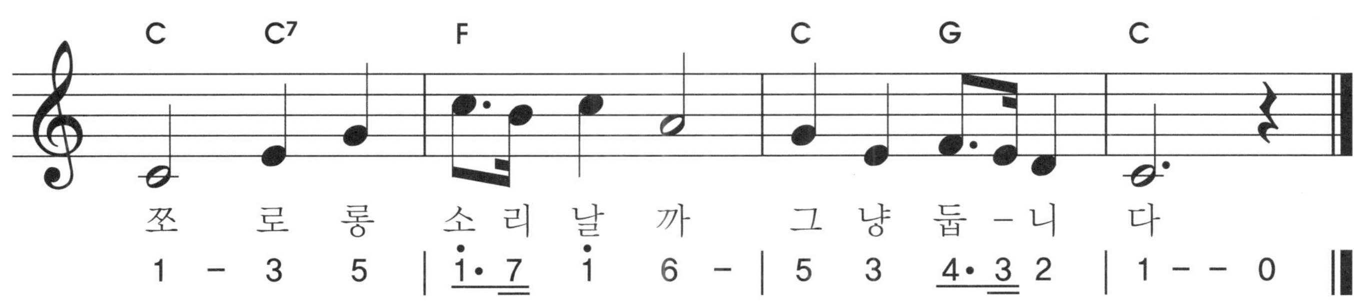

겨울바람

백순진 작사 / 작곡

시계

$\frac{4}{4}$ 44 1 2211 | 4 6 5 4 | 66 5 4455 | 6 i̇ #6 ♮6 |

i̇ i̇ #6 ♮6 6 5 5 | 4 6 5 4 | 1111 2 3 | 4 − − 0 ‖

등대지기

$\frac{6}{8}$ 1 | 6 6 6 4 | 5 4 2 1 1 | 4 4 4 5 6 | 5・5 1 |

6 6 6 4 | 5 4 2 1 1 | 4 4 3 4 5 | 4・4 4 |

5 5 5 5 | 6 6 6 6 | #6 #6 ♮6 5 4 | 5・5 1 |

6 6 6 4 | 5 4 2 1 1 | 4 4 3 4 5 | 4・4 ‖

겨울 밤

강소현 작사 / 외국곡

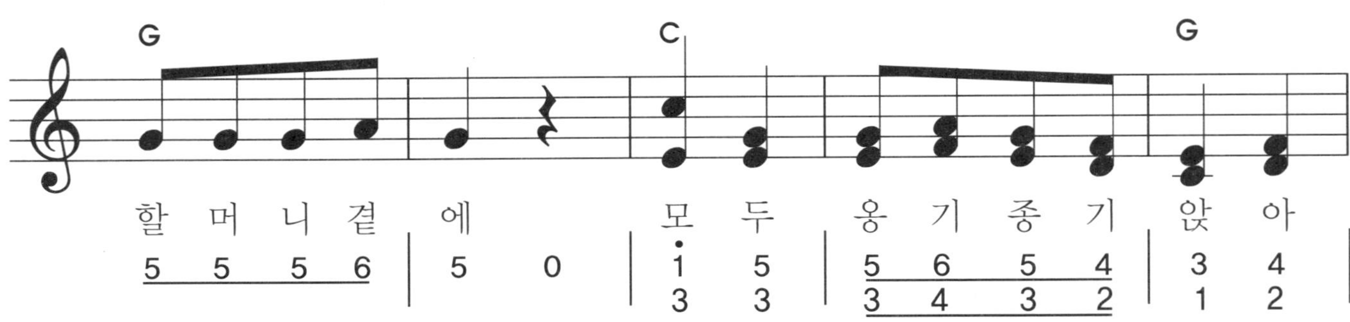

엄마돼지 아기돼지

박홍근 작사 / 김규환 작곡

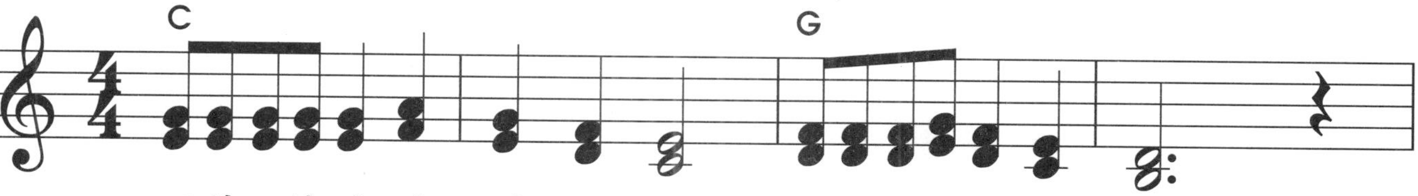

토실토실 아 기 돼 – 지 젖달라고꿀 꿀 꿀
아기돼지 바 깥 으 – 로 나가자고꿀 꿀 꿀

1st 5 5 5 5 5 6 | 5 4 3 – | 4 4 4 5 4 3 | 2 – – 0 |
2nd 3 3 3 3 3 4 | 3 2 1 – | 2 2 2 3 2 1 | 7 – – 0 |

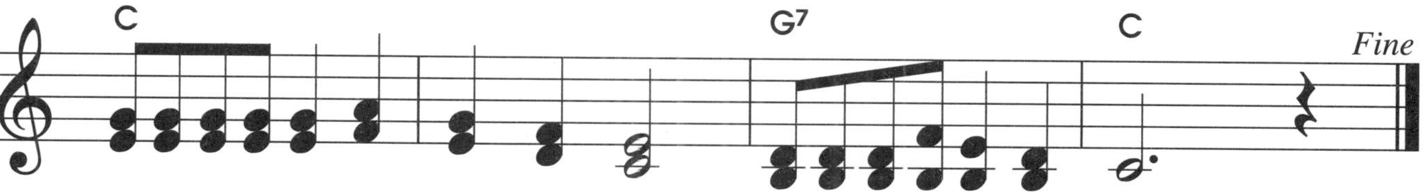

엄마돼지 오 냐 오 – 냐 알았다고꿀 꿀 꿀
엄마돼지 비 가 와 – 서 안된다고꿀 꿀 꿀 *Fine*

5 5 5 5 5 6 | 5 4 3 – | 2 2 2 4 3 2 | 1 – – 0 ||
3 3 3 3 3 4 | 3 2 1 – | 7 7 7 7 7 7 | 1 – – 0 ||

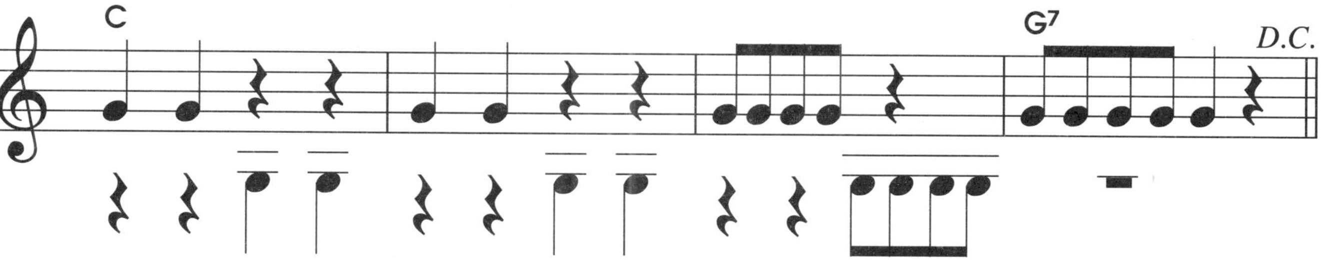

꿀 꿀 (꿀 꿀) 꿀 꿀 (꿀 꿀) 꿀꿀꿀꿀(꿀꿀 꿀꿀) 꿀 꿀 꿀 꿀꿀 *D.C.*

5 5 0 0 | 5 5 0 0 | 55 55 0 0 | 5 5 5 5 5 0 ||
0 0 5 5 | 0 0 5 5 | 0 0 55 55 | 0 – – – ||

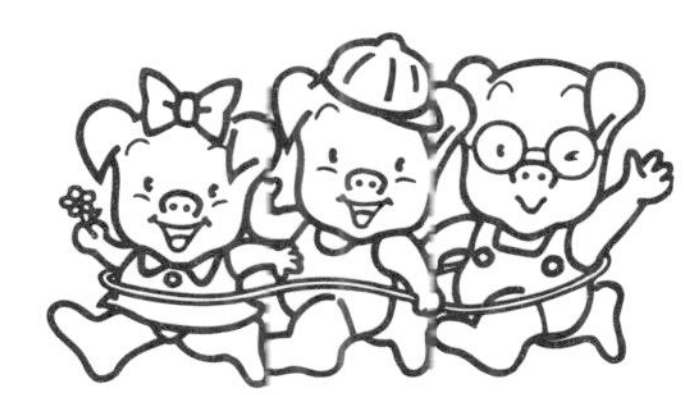

창밖을 보라

미첼 작곡

창밖을 보라 창밖을 보라 흰눈이내린 다
창밖을 보라 창밖을 보라 찬겨울이왔 다
썰매를타는 어린애들은 해가는줄도모르 고
눈길위에다 썰매를깔고 즐겁게달린 다

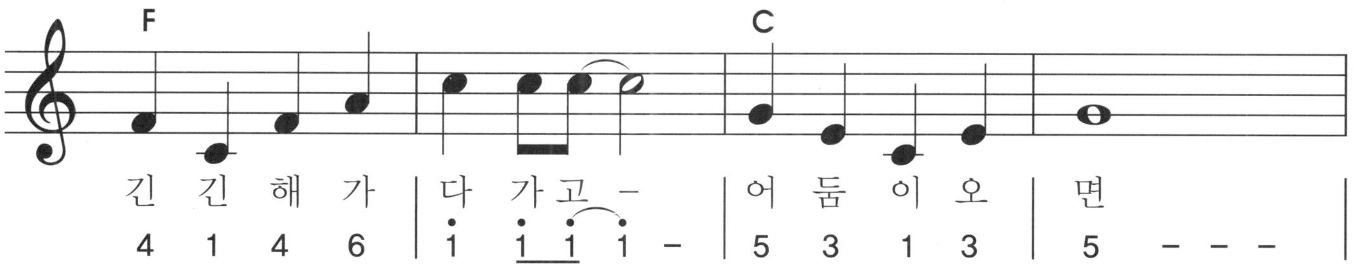
F
C
긴 긴 해 가 다 가고 - 어둠 이 오 면
4 1 4 6 1 1 1 1 - 5 3 1 3 5 - - -

F
D7
G
G7
오 색 빛 이 찬 란 한 - 거 리 거 리 에 성 탄 빛
4 1 4 6 1 1 1 1·1 2 1 7 6 5 6 7 0

C
G
추 운 겨 울 이 다 가 기 전 에 마 음 껏 즐 기 라
5 5 5 5 3 5 5 5 3 5 5 3 5 1 7 - - -
3 3 3 3 1 3 3 3 1 3 3 1 3 5 5 - - -

F/D
G
C
G7
C
맑 고 흰 눈 이 새 봄 빛 속 에 사 라 지 기 전 에
2 2 2 2 1 7 7 7 7 6 5 5 5 6 7 1 - - 0
7 7 7 7 6 5 5 5 5 4 3 3 3 4 4 3 - - 0

즐거운 나의 집

비숍 작곡

C F/D G/E A⁷ F/D G
즐 - 거 운 곳 에 서 는 날 오 라 하 여
1st 1 2 3· 4 4 5 5 - 3 5 4· 3 4 2
2nd 1 7 1· 2 2 3 3 - 1 3 2· 1 2 7

C F/D G⁷ C F/D G/E A⁷ F/D G⁷
도 - 내 - 쉴 - 곳 은 작 은 집 내 집 뿐 이
3 - 3 1 2 3· 4 4 5 5 - 3 5 4· 3 4 2
1 - 1 1 7 1· 2 2 3 3 - 1 3 2· 1 2 7

C F/G C F C A⁷ F/D G⁷
리 내 나 - 라 내 기 쁨 길 이 - 쉴 곳
1 - - 5 1· 7 6 5 5 - 3 5 4· 3 4 2
1 - - 3 3· 5 4 3 3 - 1 3 2· 1 2 7

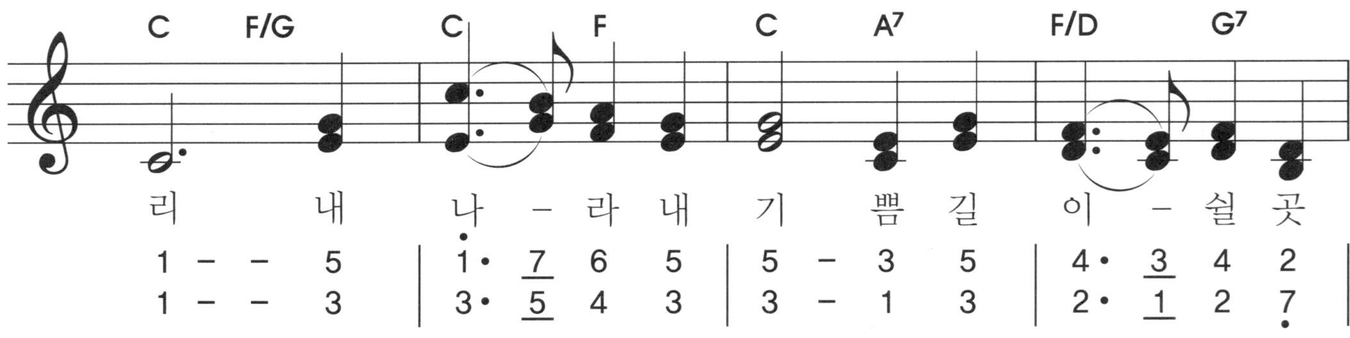

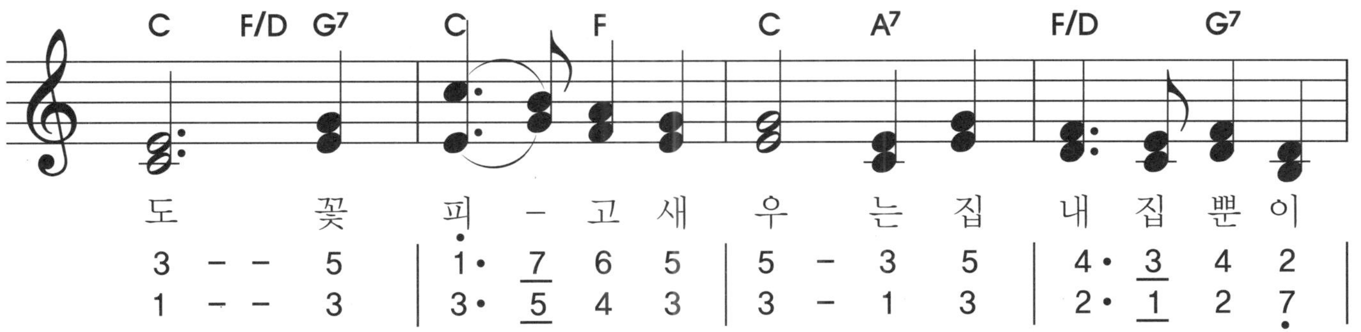

C   F/D G⁷   C   F   C   A⁷   F/D   G⁷
도   꽃 피 － 고 새 우   는 집   내 집 뿐 이
3 － － 5 | 1· 7 6 5 | 5 － 3 5 | 4· 3 4 2 |
1 － － 3 | 3· 5 4 3 | 3 － 1 3 | 2· 1 2 7 |

C F/G G⁷   C   Dm   G   Am   G/B   C   F/D G⁷
리   오   사   랑   나   의   집   즐
1 － － 0 | 5 － － － | 4 － 2 － | 1 － 2 － | 3 － － 5 |
1 － － 0 | 3 － － － | 2 － 7 － | 1 － 7 － | 1 － － 3 |

C   F/D   G/E   A⁷   F/D   G⁷   C
거 － 운 나 의   벗 집   내 집 뿐 이 리
1· 7 6 5 | 5 － 3 5 | 4· 3 4 2 | 1 － － |
3· 5 4 3 | 3 － 1 3 | 2· 1 2 7 | 1 － － |

고요한 밤 거룩한 밤

F. 그루버 작곡

구슬비

권오순 작사 / 안병원 작곡

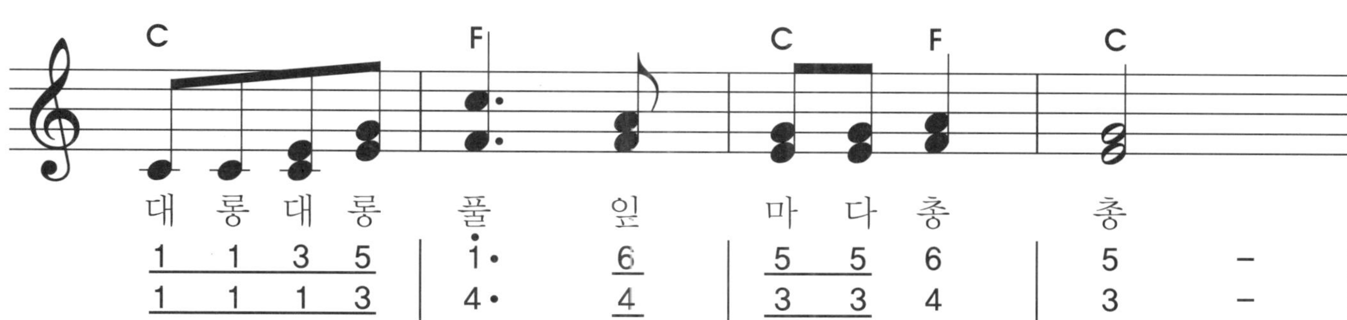

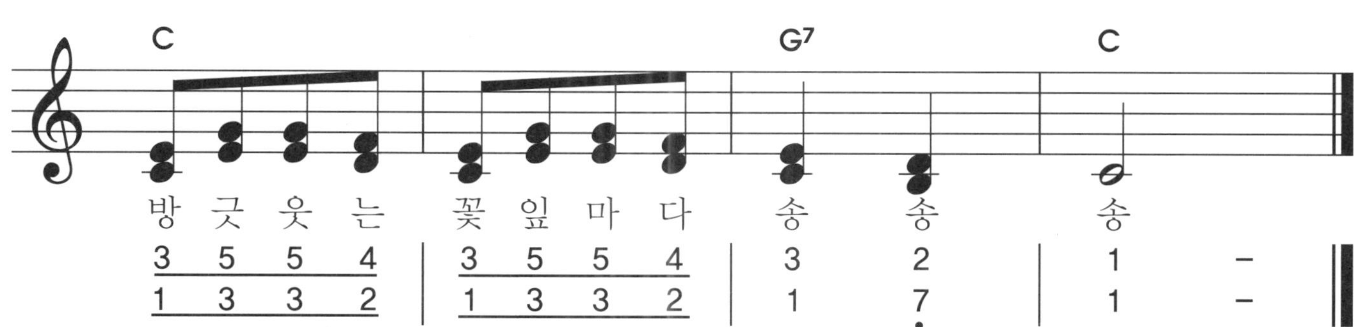

화이트 크리스마스

실전곡
1st
2nd
꿈 속 에 보 는 화이트 크리스 마스
카 드 에 적 어 보 내 는 와 방 울
올 해 도 다 시 돌 아 메 리
소 리 들 리 는 흰 눈 쌓 인 거
크리스 마스 즐 거 워

C/G　　　　F　　　　G　　　　G+　　　*D.S.*

리　　로　썰 매 는 간　다　　　　　—
3 - - 3 ｜4 3 2 1 ｜2 - - - ｜#2 - - 0

1 - - 1 ｜2 1 2 1 ｜7 - - - ｜7 - - 0　*D.S.*

F/A　　Fm/A♭　C/G　　G⁷　　C sus4　C

라　　　복 주 시 네　거 룩 한 이　밤　　—
1 - - - ｜1 - 1 2 ｜3 - 3 - ｜6·7 7 7 ｜1 - - - ｜1 - 0 -

6 4 - #5 ｜#5 - 0 - ｜1 - 1 - ｜7·7 7 7 ｜1 - - - ｜1 - 0 -

실
전
곡

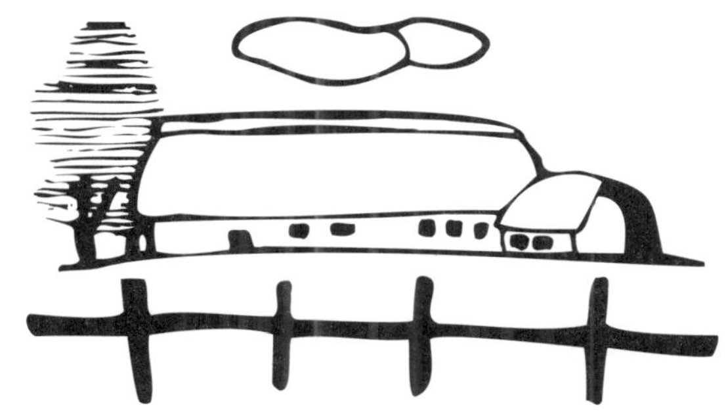

퐁당퐁당

윤석중 작사 / 홍난파 작곡

실전곡

C
퐁 당 퐁 당 돌 을 던 지 자 누 나 몰 래 돌 을 던 지 자
1 2 3 3 | 1 3 5 6 5 | 1 2 3 3 | 1 3 5 6 5 |

F C F C G C
냇 물 아 퍼 져 라 멀 리 멀 리 퍼 져 라
6 5 3 | 6 5 3 | 2 2 1 2 | 3 5 5 |

F C G C
건 너 편 에 앉 아 서 나 물 을 씻 는
6·6 5 6 | 1 1 1 0 | 5·5 3 2 | 1· 0 |

G C C F G C
우 리 누 나 손 등 을 간 지 러 주 어 라
2·3 1 3 | 5 5 5 | 2 3 4 3 2 | 1· 0 |

어머님 은혜

윤병춘 작사 / 박재훈 작곡

옥수수 하모니카

윤석중 작사 / 홍난파 작곡

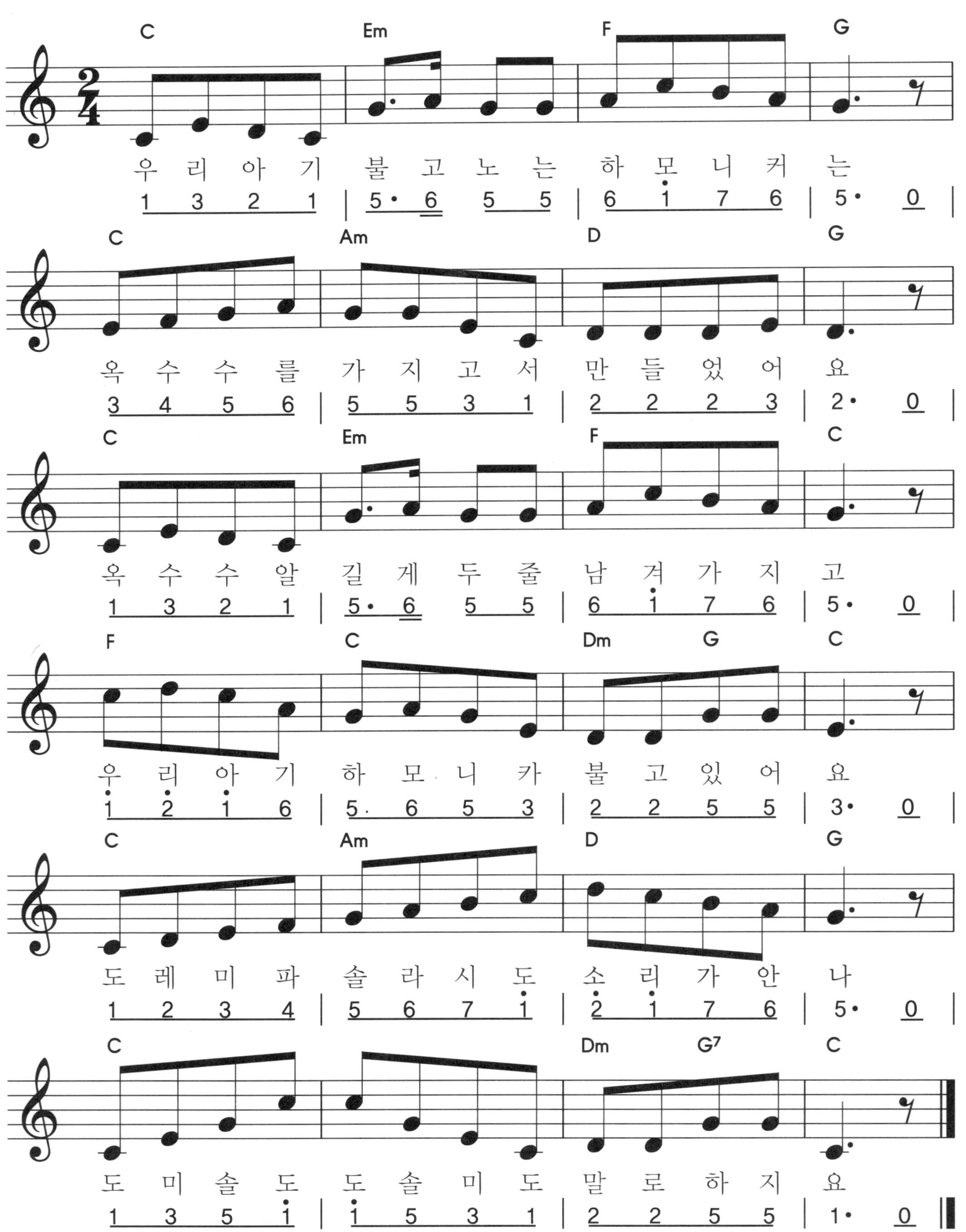

노래는 즐겁다

노래 는 즐겁구 나 - 산 너머 길 나무들이울 -
1 2 | 3 3 5 4 4 6 | 5 5 4 3 - | 5 5 4 3 3 5 |
창 한 이산 에 노래 는즐겁구 나 - 산 너머 길
4 4 2 5 | 3 - - 1 2 | 3 3 5 4 4 6 | 5 5 4 3 - |
나 무 들 이 울 - 창 한 이산 에 가고 갈 수 록 산
5 5 4 3 3 5 | 4 4 2 5 | 3 - - 1 3 | 2 · 3 4 2 |
새 들 이 즐 거 이 노래 - 해 햇 빛 은 나뭇 잎 새로
3 · 4 5 5 | 6 6 1 7 6 | 5 - - 1 3 | 5 5 6 5 5 1 |
반 짝 이며 우 리 들 의 노 - 래 는 즐 겁 다
5 5 4 3 - | 5 5 4 3 3 5 | 4 4 2 5 | 3 - - |

실
전
곡

화음 삼형제

이계석 작사 / 작곡

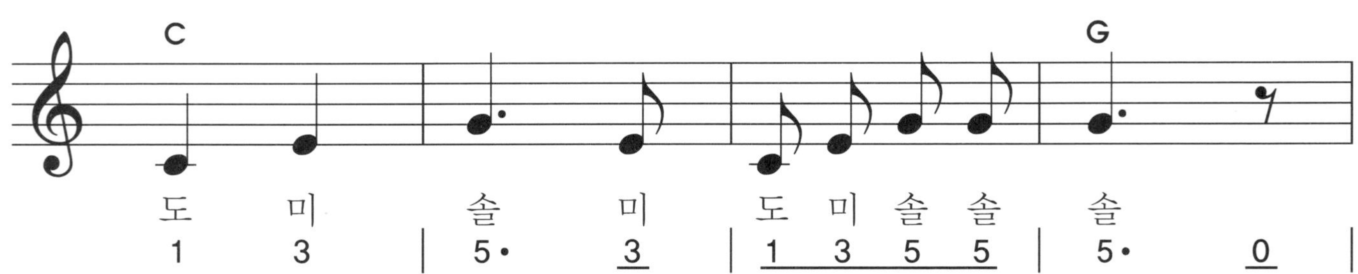

실
전
곡

C   G   C
우 리 들 은 삼 화 음 을 제 일 좋 아 하 지 요
5•6 5 4 | 3 2 1 1 | 2•2 5 4 | 3 2 1 0 |

G   G7
시 레 | 솔 레 | 시 레 솔 솔 | 솔
7 2 | 5• 2 | 7 2 5 5 | 5• 0

C   F   G7   C
화 음 화 음 사 이 좋 은 화 음 삼 형 제
1 3 5 3 | 4 6 1 6 | 5 7 2 7 | 1 - - 0

실
전
곡

종이접기

유경숙 작사 / 김봉학 작곡

예수 사랑해요

C   F   Dm G   C   F/G G7
예 – 수 사 랑 해 요 나 주 앞 에 엎 드 려
5· 3 3· 1 | 6· 4 4· 1 | 1 – 7· 6 | 6 5 5 – 0 |

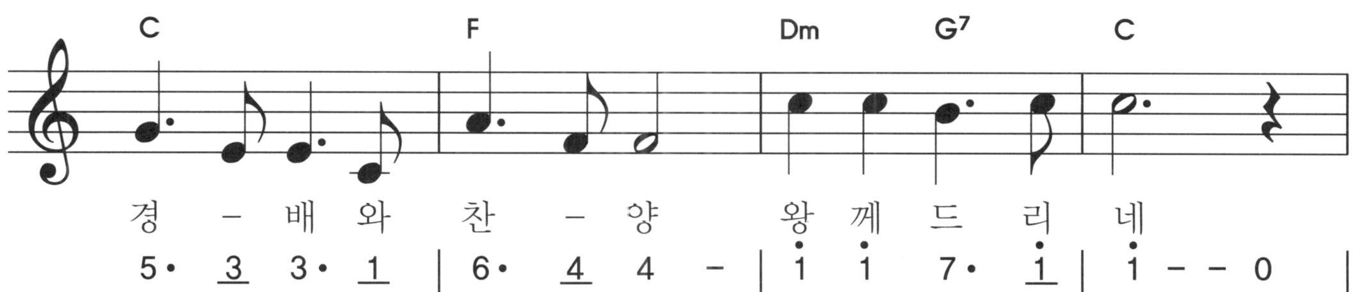

C   F   Dm   G7   C
경 – 배 와 찬 – 양 왕 께 드 리 네
5· 3 3· 1 | 6· 4 4 – | 1 1 7· 1 | 1 – – 0 |

Am   Dm   F G   C
할 – 렐 루 – 야 할 렐 루 – 야
1· 3 3 – | 2 3 4 – | 1 – 7 – | 6 5 5 – 0 |

Am   Dm   F G7   C
할 – 렐 루 – 야 할 렐 – 루
1· 3 3 – | 2 3 4 – | 1 – 7· 1 | 1 – – 0 |

실
전
곡

작별

강소천 작사 / 스코틀랜드 민요

먼저 그 나라와

K.래포티

75

졸업식 노래

윤석중 작사 / 정순철 작곡

할아버지 시계

워크

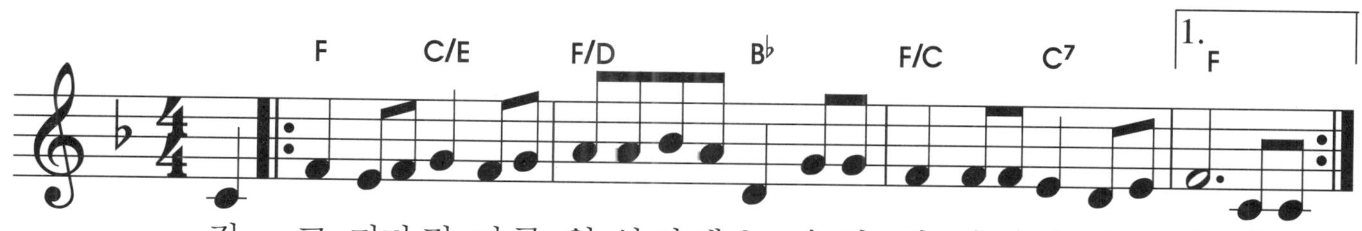

F   C/E   F/D   B♭   F/C   C⁷   1. F
길　고 커다란 마루 위의시계는 우리 할 아버지 시 – 계 이시
계 는내 가 세상 태 어나던날 선물 로 받은시 계란
1 ‖: 4 3 4 5 4 5 | 6 6 #6 ♭6 2 5 5 | 4 4 4 3 2 3 | 4 - - 1 1 :‖

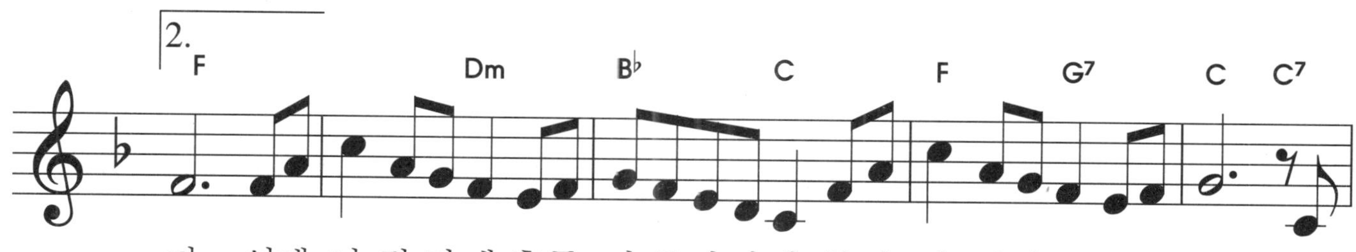

2. F   Dm   B♭   C   F   G⁷   C   C⁷
다 언제 나 정 답게 흔들 어 주던시계 할아 버 지의고물시 계　이
4 - - 4 6 | i 6 5 4 3 4 | 5 4 3 2 1 4 6 | i 6 5 4 3 4 | 5 - - 0 1 |

F   C   F⁷   B♭   F/C   C⁷   F
제 는 더 가 지않네 가지 를 않 네
4 4 0 5 - | 6 #6 ♭6 2 5 5 | 4 - 3 - | 4 - - ‖

실
전
곡

고향 땅

윤석중 작사 / 한용희 작곡

당신을 향한 노래

천태혁 작사 / 진경 작곡

아주먼 옛 날-
하나님께 서-
하늘에서는 -
바라보시고 -
당신을 향한 -
좋았더 라고 -
계획있었죠-
말씀하셨죠-

이세상 그무엇 - 보 다 귀하게 - 나의 손으로- 창조하였-노 라

내가 너로인하여- 기 뻐 하 노라- 내가 너를 사랑하 노 라

사 랑해 요 축 복해 요

당신의 마음에 우 리의- 사 랑을드 려 요

실 전 곡

사철에 봄바람 불어 있고

전영택 작사 / 구두회 작곡

C   C/E   F   F/G   C
고 마 워 라   임 마 누   엘
1· 1 1 - | 6 - - | 4· 4 6 - | 5 - - |

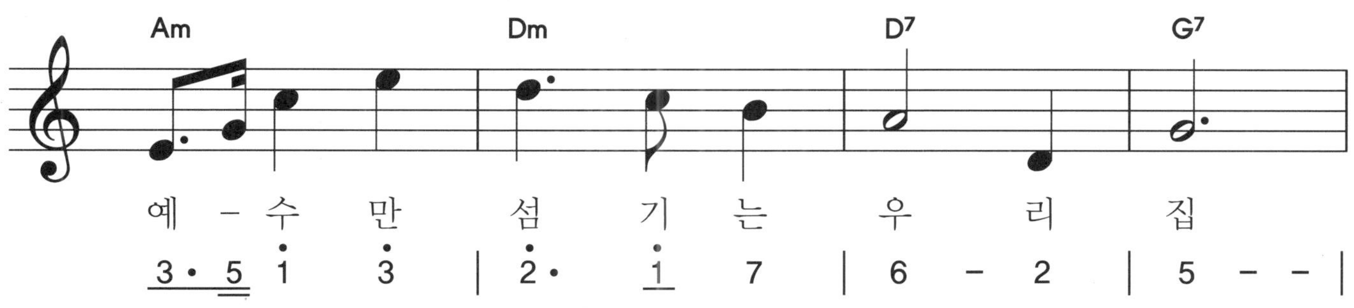

Am   Dm   D7   G7
예 - 수 만   섬 기 는   우 리 집
3· 5 1 3 | 2· 1 7 | 6 - 2 | 5 - - |

C   F   Dm   G7   C
고 마 워 라   임 마 누   엘
1· 1 1 - | 6 - - | 4· 6 5 - | 3 - - |

Am   Dm   G7   C
복 - 되 고   즐 거 운   하 루 하 - 루
1· 2 3 5 | 4· 3 2 | 3· 4 3 2 | 1 - - |

실 전 곡

울면 안돼

작사 미상 / 프레그 쿠츠 작곡

C   F   C   F
울면안 돼   울면 안 돼   산 타 할아버 지 는 우 는 애 들 엔
3 4 5 5 - | 6 7 1 1 - | 3 4 5 5 5 5 5 5 | 6 5 4 4 4 - |

C   Am   Dm   G7   C   Am   Dm   G7
선 - 물 을   안 주 신 대   요   -
3 5 1 3 | 2 4 4 7 | 1 - - - | 1 - - 0 |

C   F   C   F
산 타 할아버 지 는   알 고 계 신 데   누 가 착 한 앤 지   나 쁜 앤 지
3 4 5 5 5 5 5 5 | 6 7 1 1 1 - | 3 4 5 5 5 5 | 6 5 4 4 - |

C   Am   Dm   G7   C   C/G   C7
오 늘 밤 에   다 녀 가 신   대   -
3 5 1 3 | 2 4 4 7 | 1 - - - | 1 - - - |

실
전
곡

F G F F G F
잠 잘 때나 일어날대 짜증낼때 장난할때도
2 1 7 1 | 6 6 6 6 - 2 1 7 1 | 6 6 6 6 6 -
D G D7 G7
산 타 할 아 버 지 는 모 든 것 을 알 고 계 신 대
3 2 1 2 | 7 7 7 7 1 | 2 2 1 1 7 6 | 5 - - -

C F C F
울 면 안 돼 울 면 안 돼 산 타 할 아 버 지 는 우 리 마 을 을
3 4 5 5 - | 6 7 1 1 - | 3 4 5 5 5 5 5 | 6 5 4 4 4 -

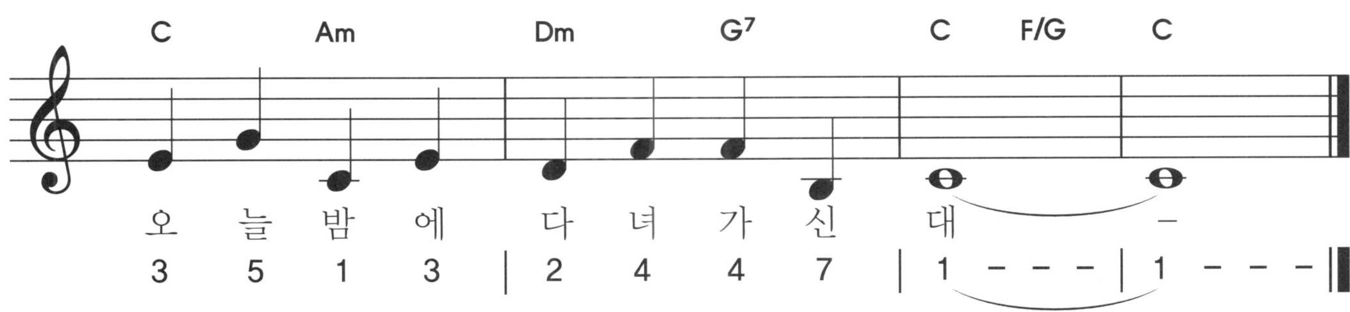
C Am Dm G7 C F/G C
오 늘 밤 에 다 녀 가 신 대 -
3 5 1 3 | 2 4 4 7 | 1 - - - | 1 - - -

생명 주께 있네

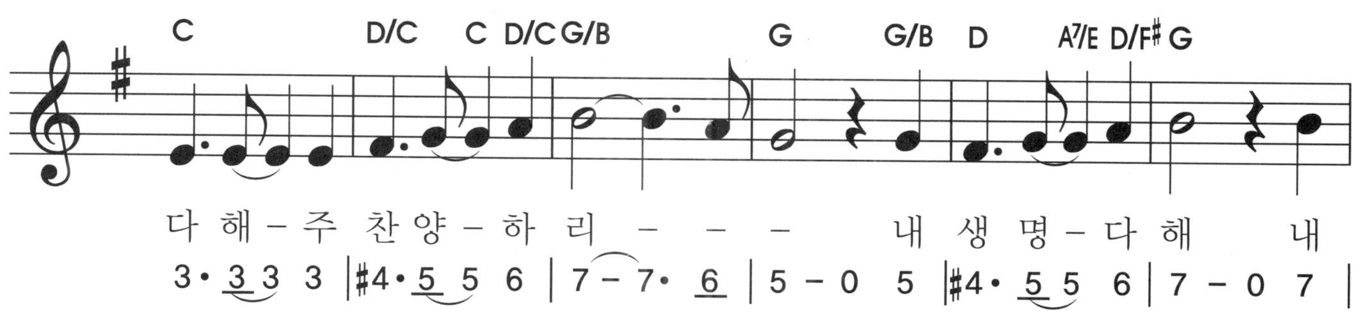
C   D/C   C D/C G/B   G   G/B   D   A7/E D/F# G
다 해-주 찬양-하 리 - - - -   내 생 명-다 해   내
3·33 3 | #4·55 6 | 7-7·6 | 5-0 5 | #4·55 6 | 7-0 7 |

E B7/F# E/G# Am   Am/G   F   Am/E   Dsus4   D7
힘 을-다 해   모 든소 망 주님께 - -   생
#5·66 7 | 1- -0 | 1-1 7 | 6071 2 | 2- - - | 2-0 5 :||

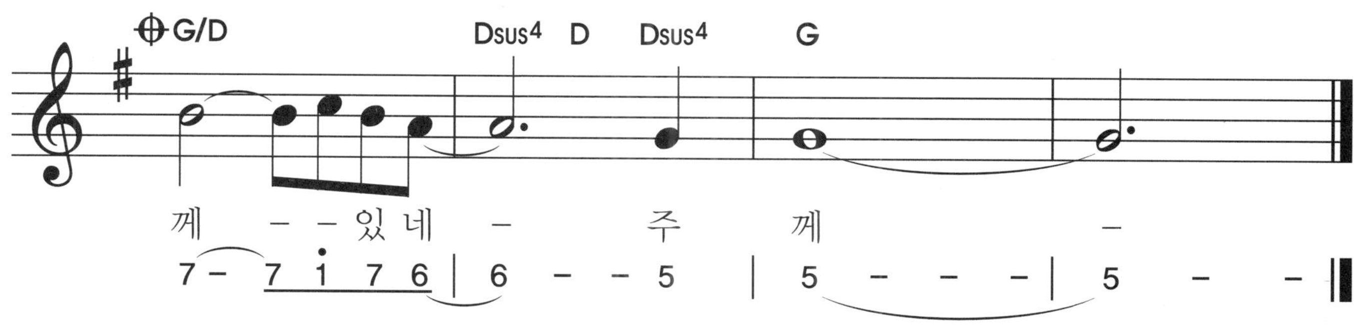
G/D   Dsus4 D Dsus4   G
께 - -있네 -   주   께   -
7-71 76 | 6- -5 | 5- - - | 5- - - ||

불인별곡

임세현 작사 / 작곡

실
전
곡
가 지 못 하 -네- 돌아 갈 데가 없 어 살
아 헤 어 질-이 맘 은 가 없 이 떠 도 네
살 아 서 우 네-- 갈 곳 을 잃 었 구 나 죽
어 도 못 맺 을 이 몸 은 천 공 을 헤 매 이 리 -가 없
은 저 -세 월 은 꿈 도 한 -도 없 구 -나- 천 년
을 -울 -어 봐 -도- 가 는 해 만 -덧 없 어 라

가 지 못 하 -네- 돌아 갈 데 가 없 어 살
아 헤어질-이맘은 가 없 이 떠 도 네 가 없
는 저-세월 은 꿈도 한 -도없구 -나- 천 년
을 -울-어봐 -도- 가 는 해 만 -덧없어 라
가 지 못 하 -네- 돌아 갈 데 가 없 어 살
아 헤어질-이맘은 가 없 이 떠 도 네 가-
없 이 떠 도 네 -
실
전
곡

이 믿음 더욱 굳세라

여기 에 －모인우리 주의 은 총받은자여 라 주께
서 －이자리 에 함께 계 심을믿노 라 언제
나 －주님만 을 찬 양 하 며따라가 리 니 시험
을 －당할때 도 함께 계 심을믿노 라 이믿음

C D G E7 Am D7
더 욱 굳 세 라 주 가 지 켜 주 신 다 어 둔
2· 2 3· 3 | 2 - - 2 1 | 7 2 1 7 | 6 - - 5 6 |
G Am G/B C G/D D7 G C/D
밤 에 도 주 의 밝 은 빛 인 도 하 여 주 신 다 주 의
7· 7 1 7 1 | 2 5 3 2 1 | 7· 1 6· 5 | 5 - - 5 6 |
G Am G/B C G Dsus4-3
뜻 이 루 어 질 때 까 지 믿 음 더 욱 굳 세
7· 7 1 7 1 | 2 5 3 2 1 | 7 - - 1 | 2 - 2 - |
G
라
5 - - - | 5 - - - |

특강악기 **시리즈**

하모니카

편저자 : 박 은 호
발 행 인 : 박 은 호
펴 낸 곳 : 다모아뮤직
　　　　　http://www.damoamusic.com
　　　　　경기도 김포시 양촌면 석모리 430
　　　　　Tel (031)998-5291
　　　　　Fax(031)998-7291
디자인 : 이란영
사보 및 교정 : 백해인
등록번호 : 제315-2004-000010호

발 행 일 : 2011년 5월

정가 : 6,000원